フィールド科学の入口

創造する都市を探る

佐々木雅幸・赤坂憲雄 編

玉川大学出版部

創造する都市を探る

目次

I部●対談

地域の内発的発展から創造都市へ

佐々木雅幸×赤坂憲雄

財政学は数字で政治と経済の矛盾をあつかう

赤坂　『フィールド科学の入口』というシリーズで、これまでに七冊、分野でいうと民俗学から、地質学、自然地理学、農学、考古学、海洋学、人類学といった分野の人たちに登場していただいて、フィールドという視点から学問や研究を読みなおしてみたいと考えてきました。いまの時代にフィールドとか現場を学問はどのようにあつかっているのか、大事にしているのか、してないのかなどふくめて、とてもたいせつな切り口だと感じてきました。これまでもいろいろなお話をうかがっていて感じてきたことは、民族や人間にとってのフィールドというものの多様な意味合いでしょうか。佐々木さんの専門の経済学にとってフィールドとは何かということです。

佐々木　そうですね、もともと最初に属していたのは財政学です。

赤坂　財政学とか経済学の専門領域のなかで、現場やフィールドをどういうふうに大事にされているのか。そこを自分の研究のどのような土台にしているのかが、案外見えないです。佐々木さんの本を読ませていただいても、むき出しのかたちでフィールドとか、フィールドで聞いたこととか、フィールドで出会った人の息づかいとかは出てきません。でも、これはあきらかにフィールドを歩いている人のことばだなっていうふうに感じる瞬間もあります。ですからきょうは、ぼくがお聞きしてみたかったこと、とりわけ文化経済学とか創造都市といった新しい概念を提示し、それを支えるためにどのようなフィールドワークをなさってきたのかを中心にお話をお聞かせください。

佐々木　了解です。

赤坂　まず、お聞きしたいことは、経済学って数字ですよね。

佐々木　そうです。

赤坂　民俗学に数字なんてかけらもないですね。

佐々木　うーん、記号はないですか。

赤坂　「ハレ」とか「ケ」って、ぼくは記号だと思ってますから、記号はあると思います。それを数値化してゆくという発想そのものがもっとも希薄な学問領域ですから、だから学問じゃないよって蔑まれるわけです。

佐々木　そうですね。

赤坂　その出てくる数字の背後にどのようなフィールドがあるのか、ちょっと漠然とした話から聞かせていただきたいです。

佐々木　わたしの場合、財政学という分野から入ったのですが、財政学はまさに数字で国とか都市の経済活動を表すわけです。その数字が信憑性の基準です。それから経年変化です。その数字が表す意味ですね。これをまず頭に入れる必要があり、とくにわたしが習った島恭彦先生は財政学をこう表現したのです。「政治と経済の矛盾」をあつかう学問だと。

赤坂　なるほどね。

佐々木　それはどこに具体的に表れるのかというと予算制度で、国や自治体の予算に表れる。政治学は当然政治的な現象をあつかうし、経済学は経済事情をあつかうわけだけど、その政治と経済の両方を——理論で割り切れないこともふくめてですね——対象にしているのが財政学で、そこに財政学のおもしろみがあるというわけです。島恭彦先生がデビューした『近世租税思想史』という本があります。内容は欧州の租税思想にその歴史性をみる。租税っていうのは権力的な収入です。フランス革命、あれは何をめぐるドラマであったかと考えると、国王の家計の紊乱《びんらん》にたいして市民が怒って革命がおきたわけです。国家が転覆するときは財政の紊乱が原因となることが多いのです。税金の私物化ですよ。

赤坂　いまの日本などひっくり返る。

佐々木　みんなほんとうに腹がたってね。そのときに新しく予算制度をつくって、どういう原則でお金を集めたらいいのかというのが租税原則になるわけです。

赤坂　なるほど。

佐々木　その原則に応能主義と応益主義があるわけ。応能は能力に応じて払う、応益は利益に応じて払うのですよ。単純化していうと所得税は基本的に応能税です。所得の低い人は免除され、高額所得者にたいして高い累進課税をする。あるいは勤労所得にたいして、株でもうけた不労所得があります。勤労所得は不労所得にくらべれば、できるだけ課税を低くしましょうとなる。それから、応益でいくといちばんわかりやすいのは地租です。地租は明治国家の主たる財源で、農地の広さと収穫が課税対象になります。農地からあがる収益に課税するわけです。いまの都市の地価は、その土地でおこなわれる商業活動、あるいは経済活動をベースにして決まってきますね。その利益にたいして税金

『近世租税思想史』
有斐閣、一九三八年

をかける。応能と応益が代表的な租税原則になり、租税協賛権という概念が出てきます。

税金を支払って政治に参画する

佐々木　租税を払っているから国にたいして政治的発言をする。つまり選挙で代表を選ぶ権利を認めるわけ。つまり参政権です。これを租税協賛権といっているわけです。その協賛権がなくて、ただたんに収奪されるだけでは封建時代の制度でしょ。租税は権力的収入ですが、近代国家は基本的に国家契約説ですから、その国家を構成する国民あるいは市民が納得のうえ、一定の原則のうえで、お金を払い、それで政治的に参画することでなりたっているわけです。そのプロセスを、島先生はフランス革命をずっと追いかけて本を書いたのです。それまで財政学者はあまりそういう問いかけはしなかったらしいです。なぜかっていうと日本の財政学はドイツ官房学から入ってきたのです。日本の国家は明治政府のときにプロシャ型でできたが、民法がフランスでしたか。寄せ集めであった。近代的な国家であれば、ほんとうは所得税とか法人税が基本ですが、明治時代には寄生地主制という封建社会がのこっていたから地租なのですよ。

赤坂　ああ、そうか。

佐々木　そうなのです。つまり財政を見ると、その国の顔、性格が見えます。おもしろいでしょ、そういう学問なのです。その背後にはいろいろな社会勢力の社会にたいする考えかたがはっきり浮かびあがるわけですから、数字がもっている意味はさまざまな階級、グループによって変化していきますね。

ドイツ官房学
一七世紀から一八世紀のドイツで発展した学問で、今日の行政学・経済学・財政学をふくんでおり、君主の国庫を生かして富せるかという観点からはじまり、啓蒙君主が登場すると「公共の福祉」を標榜するようになった。

赤坂　いまの話はほんとうに興味ぶかいですね。では、その財政学を基盤にして、佐々木さんが、みずからの学問をつくりはじめるのが金沢ですか。

佐々木　そこにいき着くまでには、もうすこし紆余曲折があります。そのまえに、もうすこしプロセスをお話しします。近代国家が形成され財政制度ができます。そのときに地方財政もできる。国も自治体も財政制度をもちますが、中央政府の財政と地方政府の財政の関係は、その国の姿を表すわけです。

赤坂　なるほどね。

佐々木　たとえば東京の大学の先生たちは国の財政審議会に入り、データをたくさんもらいますので国の財政について発言しやすい。大蔵省（現在の財務省）がちかいですから。ところが京都の大学の先生たちは、もちろん大事なテーマのときには国の審議会などで発言していますが、すくないです。そのいっぽうで、たとえば京都府に蜷川虎三という知事が出ます。このかたは京大の統計学教授でしたので京大の経済学部の先生たちは協力して、京都府の財政とか地域発展計画にかかわりました。島先生も京都府にいろいろな関係をもっておられた。地方財政や国の財政はいつも良好じゃなくて危機があるのです。地方財政の危機とは地域経済の危機の反映です。だから、地域の経済をどう再建したらいいのかを考えながら財政政策を考えないといけない。そうすると衰退地域を発展させる地域開発という概念が出てくるわけですね。地方財政と地域開発が研究課題としておもしろい時期にわたしは大学院に入りました。地域開発、英語でRegional developmentというのですけど、その起源はアメリカのニューディール政策の時期のTennessee Valley Authority（テネシー川流域開発公社、以下ＴＶＡ）です。わたしはそ

テネシー川流域開発公社（ＴＶＡ）
一九三三年にアメリカのニューディール政策で実施された公共事業のひとつ。連邦政府出資の公社による南部のテネシー川流域の水資源総合開発であり、治水、灌漑、舟運、発電の多目的開発による低料金での農村電化を促進した。その成功により草の根民主主義にもとづく進歩的な後進地域開発の世界的モデルとなった。

れをたまたま研究テーマに選んだのです。研究のためには一九二九年の世界大恐慌の時のアメリカの南部社会はいったいどういう状態かということを理解しないと、資料にある数字だけを見ても真実はわからないわけです。

赤坂　それは大学院時代ですか。

佐々木　大学院時代です。当時グラスルーツ・デモクラシー（草の根民主主義）ということばが流行りました。いまでも使いますが、アメリカでいちばん使われたのがそのＴＶＡ事業の話題です。だから「ＴＶＡとグラスルーツ・デモクラシー」がわたしの修士論文のタイトルになった。当時グラスルーツということばがどういう意味合いでアメリカでは使われてきたかという社会的背景から調べました。

赤坂　そのころアメリカにいかれて、調査をされたわけですか。

佐々木　当時はまだ南部社会まで、かんたんにいけない。ただＴＶＡについてはたくさん文献があるので調べました。すごく興味ぶかいことですけど、戦後日本の憲法がなにゆえ、平和憲法になったかというとアメリカのＧＨＱのなかにふたつの派がありましてね。

赤坂　それは知っています。

佐々木　ニューディーラー派と保守派ですね。まさにニューディールの看板政策がＴＶＡなのです。**都留《つる》重人《しげと》**さんという一橋大学の学長までやられた先生が経済白書の第一回を書きました。都留先生はすごく開明的な人で、**ガルブレイス**に『資本論』を教えたかたで、マルクス経済学者とみなされたので戦後もアメリカには入国できないのです。でも近代経済学も、マルクス経済学にもつうじている立派な研究者で、ＴＶＡについても評価されていました。ところで、日本の第二次大戦後の地域開発っていうのは、どこから

グラスルーツ・デモクラシー（草の根民主主義）
草の根とは、地方的、農村的、民衆的な意味をもつ。ニューディール政策を推進したローズベルト大統領は大恐慌から社会を再建するうえで、住民参加をうながす企図から草の根民主主義を標榜した。

都留重人
一九一二—二〇〇六。経済学者。旧制第八高等学校を除籍後、ハーバード大学で経済学を学び、博士学位を取得して同大学講師となる。帰国後は第一回経済白書を執筆し、一橋大学教授、同経済研究所初代所長に就任。公害の政治経済学を提唱し、宮本憲一らとともに日本環境会議を設立した。

ガルブレイス
ジョン・ケネス・ガルブレイス。一九〇八—二〇〇六。経済学者。ハーバード大学で都留重人、ポール・サミ

はじまったと思いますか。

TVAと原爆開発そして只見川総合開発の根っこ

赤坂　戦後開発ですか。

佐々木　「只見特定地域総合開発計画」というのを聞いたことないですか。

赤坂　はい、あります。東京の電気をまかなうための国土開発ですね。

佐々木　そうです。戦後復興のための水資源総合開発ですね。それはアメリカのTVAをモデルとするのです。

赤坂　なるほど。

佐々木　TVAは、アメリカの南部社会のテネシー州とテネシー川流域の七つの州で実施されたのですけど、一九二〇年代後半、民間電力会社の株がバブルであがったが急降下して大恐慌の原因になった。その影響でアメリカ南部の農村が急激に疲弊してファシズムの危機に陥った。日本でも似たような状況でしたが、そのときアメリカはファシズムにいかなかったのです。それはフランクリン・ローズベルト大統領が、三つのR、リリーフ、リカバリー、リフォームを掲げてアメリカの古い社会を革新的に変革しようという方針で、テネシー川流域の総合開発をやるのです。そのときに水資源開発を民間の電力会社にまかせると農村で発電した電気をぜんぶ都市にもっていってしまうので、農村電化を優先的にすすめるために、農村には安い電気をまわせという方針が生まれて、国営の電力会社をつくって総合的開発をおこなうわけです。TVAはアメリカでは唯一い

ユエルソンらと学び、同大学教授に就任。ローズベルト大統領、ケネディ大統領の経済顧問としても活躍し、『ゆたかな社会』（岩波書店）はベストセラーになった。

『資本論』　一八六七―九四年にかけて刊行されたカール・マルクスの著作（全三巻）。ヘーゲルの弁証法を批判的に継承し、社会主義思想と労働価値説を発展させて資本の運動法則、剰余価値の生成と搾取、その歴史的限界を示した。二〇一三年にユネスコ記憶遺産の「世界の記憶」に登録された。

までも国営の電力会社です。

赤坂　そうなんですか。

佐々木　そういう経緯があるから、その後七つのＴＶＡをつくろうという計画は、電力会社が強く反対したため潰される。日米ともに電力会社は公益事業という名の民間会社です。

赤坂　なるほどね。いまのお話をうかがいながら、結局、中央集権的なシステムと地域分権型のシステムがつねにせめぎ合いを演じているんだなと感じました。

佐々木　そのとおり。基本的に戦後の日本の地域開発はＴＶＡに学ぶといいながら、技術的にしか導入しなかったし、戦後開発は基本的には東京の復興を優先しますから、水資源を収奪し高圧送電網で電気を東京に運びました。じつは戦前日本は自治体電力会社が多いのですね。それをほとんど全部戦時中に統合し、戦後は七つに分割して、その体制で水資源を開発していって東京電力が東北地域から電気を奪っていった。それで東京の工業化を優先したというプロセスがあったわけです。

赤坂　会津自然エネルギー機構の佐藤彌《や》右《う》衛《え》門《もん》さんが、只見川ダムを奪い返そうとしてますけどね。

佐々木　だから喜多方へいったときに、ああ、わたしの研究の原点はここにもあったと思いましたよ。でもねＴＶＡはその後もっと数奇な運命をたどるのです。マンハッタンプロジェクトを知ってますか。

赤坂　知ってます。このあいだちょっとニューヨークにいったので、すこし本を読んでました。

佐藤彌右衛門
一九五一―。福島県喜多方市で大和川酒造店を経営するかたわら、東日本大震災後に再生エネルギーによる会津電力会社を立ちあげた。

佐々木　原爆の開発計画ですね。では、どこで原爆をつくったかご存じですか。

赤坂　そんな質問ばっかりしないでくださいよ。

佐々木　濃縮ウランつくるときに電力が必要です。当時は電磁分離法という方法でかなり電気を消費するのです。しかも戦時中でしょ。だから大西洋に近いところではできない。だからテネシーの山奥の国営電力会社を使うことになった。ＴＶＡは三〇年代ニューディール政策のときは、まさに民主主義のショーウィンドウなのですが、戦後になると原水爆開発拠点へと変わります。ただ評価がむずかしいのは戦争の相手は日本もふくめてファシズム勢力でしょ。しかもマンハッタンプロジェクトの段階では、アインシュタインたちが、ドイツが原爆を先に開発したら世界は破滅だからということでアメリカの核開発に協力したわけです。イギリスはもう経済力がなくて開発できないのでアメリカに支援をもとめていった。だからアメリカも反ファシズムを名目に戦争を遂行するのです。当時はそういう複雑な状況がありました。その社会経済的背景を調べていって、とても興味をもって何本か論文を書きました。最初の大学につとめたときにテネシーへ調査にいきました。

赤坂　最初の大学ですか。

佐々木　大阪経済法科大学です。そこにつとめたときにはじめてサンフランシスコとテネシーへいきました。大都市と農村のちがいがすごくおもしろかったです。結局、「地域」に関心をもったきっかけというのはいまのようなプロセスなのです。

地域開発論は地域調査をしなかったら書けないじゃないですか。ふつうの歴史の本だけでは想像できないです。たとえばマンハッタンプロジェクトとは実際にどういう場所でどんなふうにして原爆がつくられていたか。そして、いまはどうなっているかということを見てまわらないと。テネシー渓谷へいってわかったことは、冷戦体制のもとで、原子力開発を大規模化するために膨大な電力がいるので、水力だけではたりなくなって石炭火力発電所をつくるのですね。石炭は炭坑掘りじゃなくてストリップマイニングといって山を露天掘りしていくわけです。それが自然環境破壊になっていったりしますね。拠点はオークリッジというところで、高速増殖炉まで実験するのですけど、危険だからアメリカが先にやめちゃうのです。日本だけとりのこされて推進してきたけれど。この時期はまさに、「核戦争と核開発」対「草の根民主主義」という視点をもちながら地域開発論を書いていましたね。

赤坂　それから金沢のほうにいかれるわけですね。

都市財政破綻問題を解くには農村から考える

佐々木　大阪経済法科大学につとめている五年間にテネシーやカリフォルニアに出かけていました。その後、宮本憲一先生に金沢大学をすすめられて赴任し、結果的に一五年いました。金沢に赴任するまえですが、アメリカでは、ニューヨーク市が破産するという事件が一九七五年におきるのです。それまで、ニューディールのアメリカ南部社会に関心があったのですけど、ニューヨーク市が破産するとはとんでもないなあと思い、アメリカの都市と農村の関係に関心が広がりました。

地域開発の流れでいくと、宮本憲一先生が調査されているころは、日本は石油開発コン

宮本憲一
一九三〇—。経済学者。名古屋大学で経済思想史を学んだのち、金沢大学、大阪市立大学、立命館大学で教鞭をとり、財政学から公害、環境経済学、地域経済学分野で活躍した。主著に『社会資本論』（有斐閣）があり、『戦後日本公害史論』（岩波書店）で日本学士院賞を受賞した。

ビナートが全国各地に広がっている。しかし一九八〇年代以降になると国内からそれらが撤退していって、地域開発の推進力がハイテク産業に変わるのです。当時その政策は通産省（現在の経済産業省）がテクノポリスと名づけた。テクノポリスの原型はシリコンバレーなのです。いまのアップルとかグーグルの本社が立地していますが、シリコンバレーの急成長が当時から世界的に話題になっていて、日本では、テクノポリスが十数か所ほど地方に指定されるのです。その全国調査をやろうということになって事務局を宮本先生にたのまれて、全国を調査してまわりました。そのさなかに大阪から金沢大学に移籍しました。

赤坂　一九八五年に金沢大学経済学部助教授として赴任され、それから二〇〇〇年まで金沢ですね。

佐々木　わたしが金沢にいた時代は日本が大きく変わるときです。八五年の九月にプラザ合意があって、急激に円とドルの関係が変わります。わたしが大学入学のときに一ドル三六〇円体制でしたから、それが二四〇円になり、さらに一二〇円くらいになっていくなかで、日本の国内の産業は再編され、空洞化がはじまるという時代でした。だから地域の経済の発展は大型のコンビナートか、あるいはハイテク産業の誘致をすることになり、補助金を積んで地域に誘致するのですが、でもそれは数年で海外等に移転することがわかってくる。それで持続的な発展の方法を提案するかたちで、宮本先生が内発的発展を提唱したのです。ここで**鶴見和子**先生の内発的発展論と重なってきているわけです。宮本先生は内発的発展を考えるときに、都市だけ見ていてはだめだから農村を見ようと。その当時、北海道の池田町、九州の湯布院、沖縄の読谷村などが地域発展のために独自

シリコンバレー
アメリカのカリフォルニア州北部、サンフランシスコ湾一帯をさす。第二次大戦中にスタンフォード大学周辺に軍需産業が集積をはじめ、戦後には半導体技術者が集まってアップルなどIT分野のベンチャー企業が輩出し、現在ではグーグル、フェイスブック、ヤフーなど新興企業の一大集積地となっている。

鶴見和子
一九一八―二〇〇六。社会学者。プリンストン大学、ブリティッシュコロンビア大学などで社会学を学び、上智大学教授に就任。南方熊楠、柳田國男の研究や地域住民による「内発的発展論」を提唱し、近代化論を批判した。著書『南方熊楠』（講談社）で毎日出版文化賞を受賞。著作集に『コレクション鶴見和子曼荼羅』（全九巻・藤原書店）がある。

の取り組みをしていました。池田町の場合は町長と行政が、湯布院の場合は温泉組合の人たちが自分たちでビジョンをつくって地域づくりをすすめていました。それらの経験を理論化してみようということで調査をすすめました。

当時、東京都とか大阪府で、美濃部亮吉さんや黒田了一さんら革新知事が出てきました。いずれも財政危機に直面し、地域から内発的につくりなおすというアイディアをきちんと調査して、その発展方向を理論化していくという方向に舵を切りなおしていきます。農村から学べというのは、毛沢東じゃないけど農村から都市へというのは方法論としてもおもしろいですよ。都市の問題を解くのに農村から考えるとは鶴見先生も同じことを語っていました。

赤坂　柳田國男の発想もそうだなあと思いますね。

佐々木　そうでしょう、やっぱりそこに何かがある。プロトタイプというのかな。社会を構成しているシステムと力を最小化すると農村集落にいきつく。農村の内発的発展というのは当時からいくつかモデルがあるのですよ。だけど、都市の内発的発展とはどういう特徴があるのか、農村とはべつの問題になるでしょ。大都市はなかなか考えにくいのです。宮本先生の場合にも、モデルは金沢にあった。宮本先生は大阪市立大学に移籍するまえは金沢大学に一一年在籍していて、地方都市の内発的発展は金沢で考えるのがよいという経験からわたしに金沢で勉強するようにすすめられて、結局一五年すごしました。そのときまでは、テネシーバレーとか只見川とか大型の公共事業の検証をしていました。これらは外来型開発の典型で、その批判的検討をしてましたが、内発的発展モデルとして代替的なあたらしい提案をすることにきりかえました。自分のなかでも相当大

柳田國男
一八七五—一九六二。日本民俗学の創始者。国内を旅して、日本の風俗や伝説、民話を調査。目に見えない日本人の精神性を追求し、日本の民俗学を確立。大日本帝国憲法下で農務官僚、貴族院書記官長をつとめた。代表的な著書『遠野物語』は、岩手の農村のゆたかな伝承を収録している。

変でしたね。政府がこれまでやってきたことを批判するのは比較的かんたんなのですよ。だけど、それにかわってべつのあたらしい提案をするときに、いろいろな限界があるとしても、ベストじゃないけどベターな理論が必要になる。学者がそれをモデルとして出せないと意味がないなと思いまして。そこから金沢に足場をおいてずっと調査して歩き、金沢だけじゃわからないので、金沢から能登半島、それから白山麓に出かけたのです。このふたつの農村地域をにらみながら金沢を考えようという方向性で研究をすすめてきたわけです。

赤坂　この『現代北陸地域経済論』は最後の章が白山麓ですね。第四章は「白山麓の内発的発展を目指して」になっていますね。白山麓って、焼畑が盛んにおこなわれているところで、季節ごとにその地域に暮らした人たちは漂泊の旅に出るみたいな生活をしていて、民俗学の世界では、ある意味象徴的な場所でもあるんです。その白山麓が最後の章でとりあげられていたことにちょっとうれしくなった。佐々木さんはどういうふうにあのあたりを歩かれたのかなと思っていました。金沢という都市と能登半島あるいは白山麓、ある意味では都市と農村の基本となりそうなモデル地域を歩かれてますね。民俗学者が白山麓に入って焼畑の調査をするときには、まずそういう発想はないと思います。どういうふうにここまで歩かれているのか教えてほしいです。

佐々木　先ほどいったように、都市の問題を考えるときに「農村に学べ」というと、都市だけを孤立したシステムとして考えないで、周辺の農村との関係で都市を考えるということでなければいけない。じつは都市は農村から富や資源を収奪するわけです。だけど都市は文化的には農村に恩恵をあたえることもできます。だからその関係を見たかった。

『現代北陸地域経済論』
『現代北陸地域経済論　グローバルな地域再編成と内発的発展　金沢大学経済学部研究叢書7』金沢大学経済学部、一九九二年それから能登は網野善彦氏の世界ですね。平家の時代に国家などもあり、能登半島はすごく大きいのですが、ほとんどの自治体をまわりました。白山麓もいろんなきっかけがあって調査してまわりました。作家の高橋治さんを知っていますか。

赤坂　直木賞作家ですね。

佐々木　この人が宮本先生と旧制四高の同窓です。もう亡くなったのだけど、わたしは宮本先生から高橋さんを紹介されました。高橋さんの代表作、出世作でもありますが『風の盆恋歌』を知っていますか。富山の八尾町が物語の舞台なのです。この本に出てくる「おわら」というのはふつうの盆踊りじゃないのです。ものすごくレベルの高い芸能です。風の盆とは旧盆の時期ではなくて九月初頭のこと。そのなかで主人公の道行の場面がある。それが八尾からはなれた石川県白峰村なのです。ヒロインが着る牛首紬は玉繭という双子の繭からとれる太い糸で織ります。白峰は山の奥の豪雪地帯ですが、養蚕で栄えたところです。そこに牛首紬を伝統工芸品として製造している会社があって、その会社の経営者たちが高橋さんのパトロンとなって別荘を提供した。そこで高橋さんが白山麓僻村塾をはじめたのです。

赤坂　それは何年ごろですか。

佐々木　わたしが金沢大学に赴任して三年くらいたったとき（一九八八年）ですね。彼は非常に志の高い人で、映画の助監督から転身して作家となり、沖縄の問題などを作品にしていました。自然がたいせつで、人間は自然から学ばないといけないと。この山奥の僻村で執筆をしながら友人たちを招いては塾をひらいてきました。いまは塾の代表は池澤夏樹氏です。山荘のいろりをかこみながら座談会をひらいてきました。わたしもそれ

網野善彦
一九二八―二〇〇四。日本中世史の研究者で、中世の職人や芸能民など非定住の漂泊民の世界をとおして、多様性のある日本社会をあきらかにした。

『風の盆恋歌』
高橋治著、新潮社、一九八五年

にかかわりだした。そのころにリゾート法という法律ができてリゾート開発が全国的なブームになったのです。

グローバリゼーションの底辺から

赤坂　四全総（第四次全国総合開発計画）のころですか。

佐々木　四全総のころです。それは一九八五年のプラザ合意のあとですね。貿易摩擦があったので、輸出よりは内需拡大というかたちで国立公園とか自然がゆたかにのこされている地域の規制を緩和してそこをリゾート地として開発するという話だった。だから、白山麓がねらわれたんです。能登とか白山麓の自然がゆたかな地にゴルフ場をつくる計画が乱立して、たまたま石川県の上水道の水源となるダムのすぐ上にもゴルフ場開発計画が出た。髙橋さんから「絶対つぶさなくちゃいけない。きみの力を貸せ」っていわれてはせ参じました。そこで自然を生かした白山麓のこれからの発展のありかたを調べて、環境に無理のないかたちの総合的な発展政策を研究して、その結果を本の最後の章に「白山麓の内発的発展をめざして」として掲載した。じつはわたしの『創造都市への挑戦』も単行本（二〇〇一年）のときは田沢湖芸術村を最後にもってきている。都市の話をするときには東京とかニューヨークからはじめるのだけど、最後は農村にもってこようとしています。その前の章に能登の分析も入れてあるのです。そのようにして俯瞰しながら地域をながめると、グローバリゼーションのもっとも象徴的表れはニューヨークやロンドンや東京などのグローバル都市です。いちばん底辺のところは後進国の農村で

四全総（第四次全国総合開発計画）
一九八七年に策定された「多極分散型国土の形成」を基本理念とする全国総合開発計画。一次から三次までの計画は「国土の均衡ある発展」を目標にしたが、本計画は東京圏とその他地方圏に二分して、前者の世界都市機能を強化することをめざし、東京一極集中を加速したと批判された。

『創造都市への挑戦』
岩波現代文庫、二〇一二年（岩波書店、二〇〇一年）

す。それは日本のなかでいえば当然過疎地、限界集落です。そういったところから全体を見ながら、何がどのように変わっていくかを把握してみたわけです。

赤坂　やっぱりそうでしたか、ご著書を拝見したとき、白山麓と能登から金沢という都市をながめる絶妙な章立てだと思いました。ぼくじつはいま、武蔵野学をつくろうと思って勉強しているんですけれども、江戸という大都市を支えていたのは、ひとつは武蔵野なんですよね。武蔵野が水を供給し、農産物を供給し、燃料、薪とか炭とかを、薪炭材を供給するというかたちで江戸を支えている。もうひとつが江戸湾だと思っていて、東京でいえば、浅草海苔や江戸前寿司。干潟環境がほんとうにゆたかなので、そういった海のもっている経済力ともいえる力で江戸を支えていたのだと思います。

佐々木　江戸時代のシステムは自然との循環を基本にしていますからね。

赤坂　そうですね。江戸というと都市論ばかりが注目されますが、江戸だけが自立的に何か発展したりしていたのではありません。たとえば江戸の水辺環境を支えていたのは、武蔵野をつっきって引かれた玉川上水で、その水が江戸の町に張りめぐらされるようにして入っているからです。だから江戸という都市は武蔵野や江戸湾に抱かれるように存在したんじゃないかっていうイメージを、いまつくろうとしている。

佐々木　それがエコシステムですよね。江戸は世界最大の人口を擁する都市でしたが、住民が排泄する屎尿を肥料として周辺の農村で使って食物を栽培し、都市にとどけることにより、都市と農村の自然循環が成立していました。

赤坂　エコシステムですよね。だから、江戸は大都市だけれども数百年にわたって繁栄を謳歌することができたのだと思います。

佐々木　ちょっと脱線しますとね、江戸に金沢のシステムが入っているのですよ。

赤坂　江戸にですか。金沢のシステムが入ってますか。なんでしょうか。

佐々木　東京大学に赤門がありますね。東大の敷地はもともと加賀藩の江戸屋敷があったところです。赤門はね、白門があるから赤門なんですよ。白門はどこにあるか知っていますか。金沢城（写真1）ですよ。加賀藩の江戸屋敷は三つあり、本郷と駒場、板橋にありました。その加賀藩の江戸藩邸でかかえていた火消は、「火消の加賀鳶」っていわれるほど、もっとも粋な江戸の華だった。だから江戸のなかに金沢は大きなシステムとして入りこんでいると思います。

赤坂　だれかそれを具体的にデザインした人がいるわけですか。

佐々木　うーん。まあそれは家康だったかもしれないけどね。

赤坂　ああ、なるほど。

佐々木　彼は最後まで見届けてはいないと思いますけどね。加賀藩の農村には十村《とむら》制度という制度があって、十の村って書く。農村を治めるときに、だいたい十村ごとに庄屋をおいてまとめていくという制度も、江戸幕府が前田藩から導入して広めた。じつは金沢の都市構造は条里制を採用した京都型ではないですね、江戸も金沢も城を中心

写真1　金沢城

加賀鳶
加賀前田藩が江戸藩邸でかかえていた鳶職人で編成した火消。装束が美麗で、大藩召しかかえの特権意識をもち、町火消とのあいだで喧嘩が多かったという。

にした城郭都市ですから。高山は京都に習って碁盤の目になっていて、大坂も太閤秀吉の町割りで碁盤の目ですが、金沢は迷路ばっかりで、直線の道路はあまりない、江戸もそうでしょう。

赤坂　埋立地ですしね。

佐々木　そうですね。都市構造のちがいはあるけど、近世には金沢も大きな都市で、江戸と京都、大坂につぐ大きな都市であったのです。

赤坂　仙台の町はどう考えたらいいんでしょう。加賀と同じレベルの経済力をもっていたのに仙台は自分の地場産業はつくらなかった、つくれなかった。

佐々木　それは歴史的に見てそうだったのか、とちゅうで変わったのかでしょうけどね。

赤坂　大開発して米がゆたかにとれるようになったことは大きいと思いますけども、その米をとにかく集めて江戸にまわしていればもう潤沢な資金が手に入る。だから地場産業も内発的にではなく、あくまで大名とか、あるいは将軍家に奉納するとか、そういうレベルでしかつくられていない。それが消えた瞬間に、明治以降はほんとうに地場産業もないし、自分たちの、たとえば東北大学が生んだ技術も自分たちで産業化するといったことをいっさいしないんですよ。

地方の富の収奪

佐々木　このまえ宮城県の多賀城市に講演にいきましてね、多賀城は奈良の朝廷の出城だったのですね。それで内裏跡がありますよ。あの時代に建立された大仏の金箔は東北からきているのですね。このまえ東北歴史博物館で「東大寺と東北展」を鑑賞したのですけれど、まさに東北は東大寺の大仏の金箔との関係がふかくて、奈良や京都のほうから見たら、やっぱりある種の植民地的な感じです。

赤坂　まさしく植民地ですよ。

佐々木　ですね。そういう位置づけは日本史のなかにずっとあって。そして事件がいくつか重なりますでしょ。幕末の戊辰戦争もふくめてね。なので、本来なら会津藩のほうが精鋭だったので、長州藩に負けるはずはないが、彼らが策をろうして錦の御旗をつくった。

赤坂　岩倉具視ですかね。

佐々木　錦の御旗を見た旧幕府軍は、朝敵になることをおそれてひるんでしまって、形勢が逆転してしまった。そのことがひいては明治以降の格差構造を固定化してしまったのだと思います。そして第二次大戦後には只見川総合開発ですよ。いまの日本の地域構造、格差構造というのは、そういうことが、ずっとくり返されてしまったなかでできてきたものだと思います。歴史に「もしも」はないですけど、もともと縄文時代の米作のはじまるまえには東日本のほうが人口は多い。針葉樹林帯がもたらす食料が多くて多様な生物を養い、それだけ多くの遺跡もある。奈良朝廷の出城ができたあたりですかね。あの時代あたりから荘園経営、その影響力で変わっていったのだと思います。

佐藤彌右衛門さんと話したときに、彼はもともと大和川酒造という蔵元の社長ですが、その名前にわたしはおどろいてね。福島県に大和川という川はないんですよ。大和川は大阪の川です。名前の由来をお尋ねしたら、そこで先祖は綿作をやっておられたそうです。だから近畿との交流も多かったようですね。

赤坂　近畿のほうからきていますね。菅江真澄を調べていたときに、秋田の有名な豪農・奈良家に真澄が草鞋を脱いでいたことがあるんですけれども、その家もやっぱり奈良から、石工かな、とかいうかたちできている。調べていくとそういうのは多いですね。

佐々木　そうですよ。そういうかたちで都の勢力が広がっていって、いいかたが悪いけどやっぱりその成果が都に吸収されて、富の地元での集積、内発的発展にむすびつきにくかったのだと思います。

赤坂　それにしても、佐々木さんにとっての金沢の一五年は決定的だったと思うんです。つまり実際の政治や経済にもかかわりながら、いまの金沢のある種の方向性みたいなものがつくられていく。たぶん現場にいらっしゃって大きなはたらきをなさった。金沢時代のフィールド体験からはじまって、そこから創造都市に切りかえていくわけですからね。

金沢城で考えた景観とボローニャ

佐々木　結局、金沢にいた一五年のうち最初の七年は城のなかにいたのですよ。金沢城のなかに金沢大学のキャンパスがあったのですが、これは幸福なことでした。殿様の気分ではないけれどほんとうに金沢の文化資本の厚みというものを感じました。これは大きな体験でした。勉強につかれたら兼六園（写真2）にいってちょっとごろりとしてもいいし、県庁や市役所、商工会議所

菅江真澄　一七五四―一八二九。江戸時代後期の旅行家、文化人類学者。生まれは三河国渥美郡（現在の豊橋市）。

写真2　兼六園

の会議には大学の帰りに城をおりて出ていくって感じですよ。そのときのゼミは、非常に熱心にやりましてゼミの時間は時間割に決められていますが、それと関係なくゼミをやっていたんですよ。ずっと自分の時間が許すかぎり。

赤坂　教師のそういう若くて活力にあふれているときにぶつかった学生たちは幸せですよね。

佐々木　それで自主ゼミと称して時間の空いている学生は夜も出てこいといって研究室に呼んでやっていましたね。

赤坂　三〇代、四〇代ですか。

佐々木　三五から四二までです。最初のうちはやっぱり金沢のことを知ろうと思って、ゼミの一年間で報告書をまとめる。金沢のこと、能登のこと、白山麓のことなど次つぎ調べて。それで金沢と周辺地域の構造が自分のなかである程度わかったときに、こんどは金沢をベースにして他都市とくらべようと全国に調査にでかけました。もちろん京都にも神戸にもいったし沖縄の読谷村など農村にもいきました。

最後の学年は長野県の栄村にいきました。それから当時スキー場開発で有名だった石内丸山スキー場で合宿もしました。過疎地にも学生といっしょにいきました。富山県の場合は先ほどの八尾、それから演出家の鈴木忠志さんがＳＣＯＴという劇団をつくって活動をおこなっている利賀村にもいきましたね。もちろん奥能登にも出かけたし、白山麓もいきましたけど、いろいろなところに出かけて、それはぜんぶ自分のその後の肌感覚、地域を見るときのみかたというか私流の現場感覚をみがき身につけたときでしたね。後半の七年、八年ぐらいは、ちょうど山《やま》出《で》保《たもつ》前金沢市長が助役から市長になられる時で

鈴木忠志
一九三九―。演出家。唐十郎、寺山修司らとともにあたらしい演劇運動の担い手となり、早稲田大学在学中に学生劇団「自由舞台」を立ちあげた。

した。最初にお会いしたときはまだ財政課長だった。だんだん出世されて市長になられた。それで具体的にいろいろな話し合いの場に出ていったのですけど、最初に大きな論点になったのは、わたしが住んでいた町内でちょうど町内会長しているときに、マンション建設反対運動がおきたのです。それで、マンション建設を許すかどうかといって市長とやりあってですね。結果的にマンションはできてしまうのですけど、そのことがきっかけになって、あたらしい景観審議会を金沢市がおくことになった。

金沢は二〇一八年が景観政策五〇周年なのですけど、一九六八年に伝統環境保存条例ができる。その見直しが一九九〇年にあって、現在の金沢市の景観条例ができるのです。六八年から数えて五〇周年です。古都の歴史的景観の保存については、法律に古都保存法がありますね。その法律ができた当時（一九六六年）は、全国的に宅地開発ブームで、鎌倉の森が開発されてしまうというので作家の大佛次郎さんたちが立ちあがったんです。それで古都保存法では鎌倉だけでなく、京都、奈良も対象に自然景観を保存することになりました。これらの都市は、かつて都がおかれた一〇〇〇年の歴史をもつ都市なのです。当時金沢や倉敷でもまちなみ景観保存に関心があったのだけれども、法律の保護対象からはずされてしまいました。四〇〇年の歴史しかなくて城下町だからという理由です。それで金沢市では当時の金沢の市長たちがすごく勉強して独自の条例をつくりました。バブル景気で開発ブームがおきたときも、奮起してあたらしい景観条例をつくるという流れができました。

その当時、世界でもっとも先進的にまちなみ景観を保存していたのはイタリアのボローニャでした。それで宮本先生にボローニャに調査にいけといわれて出かけたのです（写真

SCOT（Suzuki Company of Toga）
鈴木忠志が主宰する劇団。一九七六年に東京から富山県に拠点をうつして合掌造りの民家を改造した劇場を利賀山房とし、一九八二年より世界演劇祭「利賀フェスティバル」を開始した。

山出保
一九三一—。第二九—三三代（一九九〇—二〇一〇年）金沢市長。「都市の個性は歴史と文化を大切にすることだ」との信念でまちづくりにとりくみ、金沢市民芸術村、金沢21世紀美術館、金沢駅「鼓門」の整備など特徴的な事業を推進し、ユネスコ創造都市にクラフト&フォークアート分野での認定を得るなど実績が多い。

写真3　ボローニャのサント・ステファーノ広場
わたしの大好きな空間

写真4、5　ボローニャのまちなみ

3・4・5)。金沢をボローニャと比較しながら、研究していくとすごくおもしろいのですね。代替的な地域論や産業論についてのあらたな思想がボローニャから出て世界に広がるということに気がついた。だから金沢の近代都市開発に対抗するまちなみ保存のやりかたはボローニャがモデルです。これを「ボローニャ金沢モデル」として**『創造都市の経済学』**で発表しました。そしたら作家の井上ひさしさんがすぐ飛びついてきました。それから大企業システムが機能不全になったあとの**職人企業のフレキシブルネットワー**

『創造都市の経済学』
勁草書房、一九九七年

職人企業のフレキシブルネットワーク構想
イタリアでは従業員二二名以下のマイクロ企業を職人企業と呼ぶ。それらが水平的な取引間関係のもとでものづくりに従事しており、日本型の大企業と下請け企業の垂直的な企業間関係とは対極的な構造にある。

ク構想もボローニャから出てきた。そして経済開発だけじゃだめでソーシャル・キャピタルも地域発展には大事だという議論もボローニャの調査から出て世界に広まった。これにはあらたな対抗理論を生みだす力のある大学の存在が大きいです。当時その知のトップにいたのがウンベルト・エーコです。ヨーロッパの最高の知性といわれている人です。日本にいるとニューヨークだとかロンドンの学者しか知らないじゃないですか。とくに経済学者は、アングロサクソンの経済学者しか知らないんですよ。でもイタリアはピエロ・スラッファが出たり、ユニークな学者がいるわけですよ。社会と都市に独自の文化資本があるから文化経済学が優勢になります。ヴェネツィアもフィレンツェもボローニャも、みなそれぞれが独自の都市思想をもっていることに気がついたんです。そういう視点で研究していくと都市論も多様化していく。だから、金沢についての研究だけだったらたぶん創造都市論に到達していなかったと思います。ボローニャに一年留学してその確信をふかめました。

赤坂　それは何年のことですか。

佐々木　一九九九年から二〇〇〇年です。

赤坂　金沢時代の最後ですね。

佐々木　最後です。それまでにも何回か訪問してボローニャ大学のカペッキ先生や、フィレンツェ大学のベカティーニ先生を金沢に招いたりして勉強してきたのですが、やっぱり決定版を書こうと思って一年間留学しました。『創造都市の経済学』を書いた九七年以降、さらにボローニャのことをくわしく調べて、留学後に全力で『創造都市への挑戦』を書きました。『創造都市の経済学』ではニューヨークと東京のこともかなりペー

ソーシャル・キャピタル
（社会関係資本）
人びとの相互の信頼関係にもとづいてさまざまな協調行動が活発化することで社会発展がもたらされるとする考えかた。イタリアのボローニャを中心とするエミリアロマーニャ州の実績を評価したロバート・パットナムの研究が有名である。

ウンベルト・エーコ
一九三二—二〇一六。イタリアの哲学者、小説家、文芸評論家として著名で、ボローニャ大学教授をつとめ、記号論哲学講座をひらき、芸術音楽演劇学部を創設した。歴史小説『薔薇の名前』（東京創元社）は世界的ベストセラーとなり、映画もヒットした。

ピエロ・スラッファ
一八九八—一九八三。イタリアの経済学者。ケンブリッジ大学などで教授をつとめた。主著『商品による商

ジを割いています。研究のウェイトからいくとグローバリゼーションがおきてグローバル・シティが広がってくるから、頂点を知らないとまずいだろうと調べていくと、あっ矛盾があるな、絶対くずれるなって思った。じゃあ対抗モデルが組めるかもしれない。それで金沢やボローニャから対抗モデルを組めたらオリジナリティがあると思って「四都物語」にもっていった。

赤坂　じゃあ佐々木さんの以前にはそういう発想はなかったんですね。

佐々木　はい。最初はじめたときはそんなことなかった。

赤坂　井上ひさしさんの『ボローニャ紀行』を読んで、うわぁおもしろいと思ったのですが、そのうしろに佐々木さんがいらっしゃったんですね。

佐々木　そうです。井上ひさしさんは、『創造都市の経済学』のボローニャの章を読んでいるんです。それで電話がかかってきた。「きみの本、読んだよ」って。

赤坂　すごいね。ちゃんと読んでそういうふうに反応してくる。知的なしなやかさだ。

佐々木　すごいね。

赤坂　それでいっちゃうんだもんね、実際に。

佐々木　現地調査してキチンとスケッチしたノートがあって、彼はほんとうにおもしろいですよ。

赤坂　井上さんは一年くらいですか、数週間くらいですか、ボローニャにいってるの。

佐々木　ボローニャに滞在したのは一か月弱じゃないですかね。集中的に調べているんです。

赤坂　それでいろんな人に会って。

佐々木　わたしの本でだいたい紹介していますから。わたしの知らないことは彼の本のな

品の生産』（有斐閣）はリカードによって発展させられた古典派経済学の価値理論を完全にする試みであり、主流であった新古典学派における一般均衡理論の価値と発展理論の欠点をあきらかにし、代替理論を提出した。

『ボローニャ紀行』
井上ひさし著、文藝春秋、二〇〇八年

かに一か所だけしかないと思う。どこだと思う？

赤坂　先生の悪い癖だよね。

佐々木　彼はそれを「乞食劇団」と紹介したのです。これは中世の仮面を使った大道芸のコメディア・デラルテを現代に復興させようという試みがあって、ボローニャではフラテルナル・コンパーニャ、友愛劇団というグループが挑戦しています。自分もホームレスになりかかったような人がリーダーとなって、ホームレスのシェルターに練習場をおいて活動していました。ピアッツァ・グランデ、大きな広場というホームレスの社会的協同組合がホームレスの経済支援をはじめますが、経済的な支援だけでは社会復帰できない。メンタルを復興するためにコメディア・デラルテを使っていました。仮面劇だから役割が変えられるわけで、いつも警察に追いかけられている人たちが、仮面をつけてこんどは警察官の役になると追いかける立場の人の気持ちがわかるということを演劇によってやろうとした。おもしろいでしょ、これが井上さんの本で紹介してあったが、それはわたしの知らなかったことです。

赤坂　劇作家ですもんね。

佐々木　劇作家だから演劇の力ですよ。いまは、その人たちとよく交流していて、日本にも招いて大阪の釜ヶ崎の人たちと公演活動しています。こうして、井上さんの『ボローニャ紀行』のおかげでわたしの本もロングセラーになったのです。そうでなかったら、こんなに売れてなかったと思いますよ。先日、岩波現代文庫版も三刷にしてもらったの。以前の単行本が九刷までですからあわせると一二刷。しかも一八年間、売れているんですから。もう井上ひさし様さまです。それでじつはこの本はハングルにも翻訳されているんですよ。

赤坂　そうですか。

佐々木　もともと単行本を二〇〇一年に出して、二〇〇四年にハングル版が出ています。中国語版は出てなかったけど、まもなく出ます。やっぱり中国はいま、都市とか農村の疲弊がありますから。

赤坂　でしょうね。

佐々木　江蘇人民出版社から簡体字版を出したいといってきました。『創造都市への挑戦』と『創造農村』の両方をね。これまでも韓国社会は日本の創造都市のことをずっとウォッチしているんです。だからわたしの本は三冊ハングル版になっている。中国はいままで動きがなかったけど、ここへきて急に変わってきた。不思議なことです。

『創造農村』佐々木雅幸、川井田洋子、萩原雅也編著、学芸出版社、二〇一四年

世界都市の破綻から創造都市へ

赤坂　創造都市という概念は、世界都市に対抗する概念として提示されたと思うのですけれども、創造都市の概念が生まれてくる現場って、佐々木さんのなかではどういう葛藤とか、どういう試行錯誤のなかで生まれたのでしょうか。

佐々木　ゼミで学生たちとずっと金沢の調査をおこない、金沢をベースにして京都と金沢を比較し、あるいは神戸と比較しているなかで、金沢の経済界のコンプレックスを感じとりました。東京や大阪とは比較できないですけど、金沢は地方都市、たとえば隣県の富山市とくらべても、加賀藩関係の企業は富山へ移動して大きくなるんです。北陸銀行

とか不二越とか佐藤工業ですね、大企業は富山へ移動し、金沢には中小企業がのこるだけというコンプレックスがあったのです。それから内発的発展という点からみても浜松は金沢と同じように繊維産地から繊維機械工業が発展してきて、さらに繊維機械から自動車産業に発展する。トヨタ自動車がその代表ですし、スズキ自動車もそうですね。浜松や富山などの都市にくらべると金沢は工業開発では遅れをとってきたと思っているわけです。そこで工業経済段階で遅れをとったけど、創造経済の段階ではまだチャンスがあることを提案しました。

二〇世紀型の工業経済時代が終わり、文化を軸にした創造経済時代になれば、もともと文化資本の厚みをもつ都市は強いわけです。文化ストックを土台にして、それを活用して産業化をしていく、あるいは伝統を再創造するという発展論を打ちだしたわけです。そのときに内発的発展や文化的都市よりもわかりやすくインパクトのある表現や概念をさがしていたのです。そしたら国際文化経済学会で、クリエイティブ・シティということばにでくわしたのです。それでクリエイティブ・シティっていい響きだな、すごいなあと思って調べだしたら、とってもおもしろいのです。欧州文化首都プログラムのなかで、グラスゴーなど衰退した都市が文化と芸術で再生してくる。それをクリエイティブ・シティと呼んだ研究者がいたので、このグループと接近したのです。

いっぽう、ボローニャの場合には文化ストックを保持したうえで職人経済システムをもっていて、それをベースにしてフェラーリとかランボルギーニなどスーパーカーを生産していますので大量生産モデルじゃないです。そこで脱大量生産の創造経済モデルが成立しうる見とおしがもてたのです。ポスト・フォーディズムというのですが、フォード型の大量生産、大量消費にかわるシステムという論理のうえで、大量生産はアメリカや日本の大企業にまかせておいて、創造都市ではその先のフレキシブル生産モデルを追求するわけです。日本のなかで金沢モデルだけでは特殊な都市モデルにすぎず、ほかの都市では通用しない。内発的発展の論理だけでは窮屈だと思ったのです。でも世界のなかでクリエイティブ・シティというモデルがあって、クリエイティブ・エコノミー段階に変わっていくと、これがメインストリームだと確信がもてたのです。もうひとつの契機はグローバル・シティ研究を続けているうちに、グローバル・バブルに世界が巻きこまれ、グローバル・シティに変調がおきました。グローバリゼーションの初期は金融と経済からはじまりますが、アメリカという基軸国の通貨と経済が不安定になったからグローバリゼーションが引きおこされますが、システムが不安定になるので、グローバル・バブルの循環がおきてきました。つまりバブル崩壊によって金融産業に基盤をおくグローバル・シティの将来は不安定になるし、都市の内部では階層的にはさまざまな格差問題をはらむだろうと予感したのです。そこで、グローバル・シティに代替する都市モデルが必要だと考えて、クリエイティブ・シティを対抗モデルとして位置づけたのです。当時世界のなかでわたしのような考えかたの学者はすくなかったです。とくにアメリカのクリエイティブ・シティ論者は都市間競争論だったけど、わたしは競争モデルでは絶対に破綻すると思ったので都市ネットワークモデルに切りかえた。ユネスコはそのアイディアにちかづいてきました。その直前、二〇〇一年にニューヨークで9・11の事件がおきます。二〇〇八年にはリーマンショックがあり、だいたい予想したとおりですね。なので、グローバル・シティは勢いがなくなり、創造都市概念は生きのこったのです。

これは幸運だったですね。やはり何か大きな流れっていうかパラダイムっていうか、そういうものを考えながら都市や地域研究しないと、一〇年、二〇年先が見えないでしょう。

赤坂　でも、やっぱり金沢だったたってことは大きいんじゃないですか。

佐々木　大きいです。

赤坂　ほかの日本のどこかの、たとえば仙台とか同じような可能性が漠然とはありそうにみえながら、たぶんずいぶんちがうんだろうなって思います。佐々木さんの創造都市の概念のなかには文化とか芸術といったものを非常に内発的に大事に育てている人たちがいて、それがひとつの条件としてつねに入っている。そういう都市が日本のなかにほかにないわけじゃないと思いますけど、金沢には工芸的な地場産業が盛んであったり、芸能とか芸術文化みたいなものがあたりまえに町のなかにある。そして泉鏡花を生んだ文学の伝統もあり、古い景観ものこっていて、ある意味では条件がいくつも重なって存在した場所が金沢だったのかもしれません。もちろん金沢にとじていたら見えなかったものがあったにしても。

佐々木　やっぱり金沢だったから時代の転換が見えたのでしょう。山出保さんという市長の存在と合わせて。

赤坂　そこお聞きしたいですね。その市長はどういう役割を果たすのかというところを、政治家なんてブレーンに動かされてるだけと思わないわけでもないですが、市長の役割はやっぱり大きかったわけですね。

佐々木　そうです。わたしは山出さんとよく議論をたたかわせたのです。たとえば世界都市論が流行しているときに、わたしも自分の本『都市と農村の内発的発展』のなかで世界都市ニューヨークやロンドンや東京の話を紹介して山出さんに献本しました。あるとき山出市長から、「つぎの金沢のビジョンを世界都市にしたいが、どう思う」って聞かれた。いや市長、悪いけど世界都市はニューヨークやロンドンや東京のような金融センターを中心においた巨大都市で、グローバルな金融機能が中心にある都市のことであって、金沢にはあてはまらないと答えた。でもそのときに山出さんの頭にあったのは富山とか福井とか近隣のまちです。地元の人たちはどうしても隣の都市を気にしているから、その目を世界に広げたかったと思うんですね。それで「世界都市金沢」といいたかった。そこで、頭に形容詞をつけたらどうかと提案して、「小さくとも光り輝く」と修飾語をつけるなど、かなりふたりで討論しましたね。わたし自身は金沢にぴったりなのはクリエイティブ・シティだと思うと伝えました。

このわたしのアイディアは経済同友会のメンバーがわかってくれました。そのリーダーは福光松太郎さんという酒造会社の社長でした。金沢経済同友会四〇周年記念事業をどんな内容にしようかと相談を受けたのです。当時地元の出世頭は金沢大学出身で岩波書店社長に就任した安《やす》江《え》良介《りょうすけ》さんだった。安江さんは安江金箔という老舗の出身です。生前お会いすると、『世界』に載せてあげるから頑張って投稿しなさいとはげましてもらいました。彼は宮本先生が金沢大学で教鞭をとっていたときの学生で、宮本先生のベストセラー『日本の公害』の編集者でもありました。岩波書店社長に就任したときに地元の政財界が祝賀会をひらきました。さすが文化都市ですよ。岩波書店社長が金沢から出ることは、まさに都市格にかかわる出来事なのです。高橋治氏も同席されていました。

『都市と農村の内発的発展』
佐々木雅幸著、自治体研究社、一九九四年

『世界』
岩波書店発行の総合雑誌。

『日本の公害』
庄司光、宮本憲一著、岩波書店、一九七五年

そういう流れのなかで安江良介氏が亡くなるまえに、金沢は世界の都市のありようを考えるポジションにあるので、二一世紀に入ったら「金沢ラウンド会議」を毎年ひらきなさいと語って、とつぜん亡くなったのです。福光さんがわたしにたいして、「金沢ラウンド会議」をひらくうえでいいテーマはないかと聞かれたから、「創造都市会議」をひらこう、それならわたしは責任もつと返事しました。ちょうど金沢大学から当時、宮本先生がおられた京都の立命館大学にうつる時期ですけど、これを機に円卓会議をはじめたのです。そこで金沢創造都市会議をまず一〇年間、経済同友会の事業として継続しました（写真6）。金沢学会と金沢創造都市会議を毎年交互にやりました。二〇〇一年、金沢創造都市会議の第一回のときに、赤坂さんに記念対談にきていただいて（笑）。

赤坂　なんの役割を果たしたのか（笑）。

佐々木　地元学ですね。東北学を提唱している注目すべき若手学者を記念対談に招くことになりました。どんな人かなと関心があったので。

赤坂　怖いですね。なんにも知らずにいくわけですからね。

佐々木　いやー、そういう出会いがあったのですよ。

ところで、観光政策をめぐってわたしは観光客向けの都市をつくってはだめだってはっきり主張しました。観光客が多数来て都市がよくなるわけではないから、むしろ市民が日常生活を楽しんでいる姿を見にきてもらうくらいがいいと。当時から「集客」都市とか品のないことはやめておこうと。

写真6　金沢創造都市会議20年の歩み

それでしばらく金沢市は観光政策をつくってなかったのです。外から芸術文化を見にきてもらうより、若い芸術家を育てるほうが大事だといいつづけてきたのですよ。

赤坂　21世紀美術館は、できたのいつでしたっけ。

佐々木　オープンは二〇〇四年です。美術館のマスタープランは『創造都市の経済学』を書いているときに依頼されました。一九九六年に市民芸術村（写真7）ができます。これは大和紡績という紡績会社の倉庫を壊さずにアートセンターに転用したのです。そこで第一回創造都市会議を開いたのです。わたしが山出さんの事業のなかからベスト2を選ぶとしたら市民芸術村と21世紀美術館です。活用にあたってすばらしいアイディアが出た。

赤坂　巨大な工場跡で。

佐々木　巨大というより、敷地は広いけど、結局工場部分はとり壊して、倉庫をのこしたんですが、その倉庫の使いかたがよかったですね。福光さんはよくいろいろな演劇の協賛とか引き受けていました。たとえば当時、みなと座といって、井上ひさしさんのまえの奥さんが座長でしたが……。

赤坂　西舘さん。

佐々木　西舘好子さんのみなと座が公演に来たときに福光さんが協賛したのです。文化ホールなど一般の観賞用の文化施設は夜中には使えないでしょ。

写真7　金沢市民芸術村（写真提供：石川県観光連盟）

だいたい夜の一〇時で終わってしまうが、それでは演劇の練習もじっくりできやしない。じつはその演劇の練習なり仕込みにとっていちばん大事なことは、夜中まで稽古できる施設だと頑張ったのです。市民芸術村は二四時間使えるという日本ではじめての文化施設ですが、このやりとりのなかで市長が認めたのです。その決断はすばらしかったですね。ハードとソフト両方あわせて評価されてその年のグッドデザイン大賞をとった。ドラマ工房のオープニングに文学座の演出家の西川信廣さんが駆けつけて「真夏の夜の夢」を上演し、芸術村に併設されている職人大学校の開講式では永六輔さんが記念講演したんです。市民芸術村と職人大学校の成功によって、わたしも芸術文化がもつ力にあらためて気がついた。つぎは美術館をつくろうというときに、金沢は伝統のまちだけど、やっぱりあたらしい芸術を創造することが大事だろうというと、市長も思いきってコンテンポラリーアート専門の美術館にするって断言したのです。

当時日本では、現代美術館はあまり成功してなかったです。東京都現代美術館も交通の便がよくない場所にオープンしました。世界的に成功したのは、スペインのビルバオにできたグッゲンハイム美術館です。前衛的な建物で大きな話題になりました。山出さんは現代美術館をつくりたいという願いがあったので、わたしと当時の助役と福光さんの三人でマスタープランを練ることになったのです。夜中も使えるような市民芸術村みたいな美術館があるといいなといって。そしたらさすがに二四時間は無理だけど週末は遅くまで開けることにして。現代美術だけじゃなくて市民がいろいろ集まって文化を楽しめるような場所がいいなと。それをＳＡＮＡＡの妹島和代さんと西沢立衛さんのふたりが、公園のような美術館というかたちでまとめて、ガラスをふんだんに使った斬新な設

ＳＡＮＡＡ
妹島和代と西沢立衛による建築ユニットで、金沢21世紀美術館により、ヴェネチア・ビエンナーレ金獅子賞、日本建築学会賞などを受賞した。

計ができたのです（写真8）。これは金沢の創造都市化にとってすごく大きなきっかけだった。

赤坂　だっていまや毎年二五〇万人以上の入館者が。

佐々木　入館者は多いし、伝統のまちの中心で現代アートですからね。そうすると古いものが逆に引き立つ。伝統と前衛の両方あるから。だから、わたしは社会実験の場をあたえられたと思った。自分のアイディアが有効か無効かは学者としては気になるのですが、失敗してもいいじゃないですか。でも市長はそうはいかないわけですし、当時わたしも若造ですから、若造の意見をきいて失敗したら政治生命にかかわるでしょ。でもそれをやらせてくれたのです。学者にとって自分の理論が検証される場をもてるか否かって決定的ですよ。

写真8　金沢21世紀美術館（写真提供：金沢市）

赤坂　なるほどね。

佐々木　自然科学なら実験室ではできるけれど、社会実験はなかなかできないですよ。

赤坂　それはできないですよね。

金沢は都市の希望

佐々木　山出さんとの出会いから二〇年のなかで、わたしが金沢を離れたあとも、ときどき意見をもとめられて、いろいろ対話したのです。ユネスコ創造都市の申請も福光さんと相談してやろうということになって市長に提案したら、いっしょにユネスコ本部に申請にいくことになりました。だから行政と地元経済人と学者の三者ですが、かなり共通の思いをもって、ある意味非常に創造的にすすめられた。そのプロセスで創造都市モデルがつくれたという意味では、ふつうの学者はあまりそういう経験はできないかもしれない。

赤坂　できません。金沢との出会いもそうだし、山出さんという稀有なる市長との出会いもそうだし、それを支えてくれる経済界の人もいた。いろんな幸福、幸運というより幸福な条件が重なったんだと思います。いまの金沢はある種の希望だと思います。

佐々木　そうですね。

赤坂　創造都市、文化とか芸術を大事にして、きちんと都市をつくっていくことができるんだっていう、モデルが日本のなかにもできたっていうこと、すごく大きいと思います。いままたそれが第二ステージにすすんでいる。たまたま政治の見えない動きなのか文化庁が京都に移転し、そして国立の工芸館が金沢にうつるんですよね。

佐々木　創造都市会議はまず、一〇年計画でやりました。さらに一〇年こえて二〇年になろうとしていますが。水野一郎さんという金沢工業大学の教授も中心メンバーで、彼は建築と工芸につうじた学者で芸術村を設計した人です。彼が工芸館はいま東京においといてもほとんど目立たないし意味がないから、金沢にもってこようと一〇年まえから金沢創造都市会議で提案してきたので、政府が地方創生の一環で中央省庁の地方移転方策を発表してからの思いつきではないです。京都の文化庁移転も一〇年越しの要望が実ったのです。河合隼雄先生が文化庁長官の時に提案し、たまたまわたしにバトンがわたってきて、三年間、文化庁の京都分室をあずかったのです。工芸館と文化庁移転にかかわったわけです。当時、もとプロレスラーの馳《はせ》さんが文科大臣でしたが、すばらしい決断でした。彼は金沢が選挙区で、彼が議員になるころからわたしは知っています。非常に偶然が重なっていたのです。

赤坂　役立ったんですか。

佐々木　結果的にわたしは表には出ないところのつなぎ役とかで、うまく着地しました。まだちょっと在京の文化関係者とは摩擦がのこっているのですけど。

赤坂　いまのお話を聞きながら考えてましたが、工芸館は東京の上野ですか。

佐々木　江戸城の三の丸の東京国立近代美術館の附属施設です。

赤坂　近代美術館のなかですか。

佐々木　なかじゃなくて附属かな、近くに建っている。

赤坂　ぜんぜんめだたない。

佐々木　いったことないでしょ。

赤坂　のぞいたことなかったですね。きちんと考えておいたほうがいいのかなと思うのは、佐々木さんの議論のなかで、世界都市としてのニューヨークと東京の比較がおこなわれて、ニューヨークは創造的な、という冠がのっかる世界都市なのにたいして、東京は消費と輸入の世界都市だっていういいかたをされている。そこをきちんと考えなきゃいけない場面だろうなって。工芸館があっても生かされない。つまり東京にはあるけれども、ものづくりとか工芸とか、とくに工芸といった意味ではそれを支える土壌がない。東京では浮き草みたいに工芸館も根っこもなく浮いているだけで、リアリティをもってそこに観客として参加できない。金沢はまわりがそういう工芸的な伝統にかこまれている。工芸も伝統を守るだけでは生きていけないし、ぼくも岡本太郎さんがいったように、「伝統は創造の現場である」といういいかたが正しいと思います。

佐々木　そうです。

赤坂　つまり工芸館を金沢のあそこにおくことによって活性化がはじまって、最高の作品を見ながら、現場の若い作家たちがチャレンジをはじめることができる。そういう意味合いでは東京っていったいなんだったんだろう。いまはもう世界都市の座からすべり落ちてると思いますけれども、ニューヨークと東京との対比は佐々木さんの本を読ませていただき鮮烈な印象がのこってる。その世界都市論を書かれるときにも相当歩かれたんですか。

佐々木　歩きましたね、ニューヨークと東京の下町を。

赤坂　どんな歩きかたをされたのですか。

佐々木　わたしがちょうど金沢大学にうつったときにグローバリゼーションがはじまった。そのときからグローバル・シティという研究グループに入るように誘われて。ひとりは社会学者の町村敬志《まちむらたかし》さん、いま東京在住で一橋大学の教授。政治学者は加茂利男《かもとしお》さんという大阪市立大学の当時の教授。都市経済学者が東京にはあまりいないということでね。東京の学者はほとんど国のこと考えているから、都市としての東京を研究している経済学者がすくないです。

赤坂　そういうもんなんですか。国にもっていかれちゃってるんですか？　それとも当人の意志ですか？

グローバル経済の終焉と創造都市

佐々木　無意識のうちに経済学者は国を対象とすると思っているのです。経済学の単位は国民国家で国民経済なのです。いまの流行はグローバル経済ですが、やはり円やドルって国の通貨でしょ、欧州はユーロになりましたけどね。それで都市地理学者はいるけど、都市経済学者はすくないので、研究グループに入れといわれた。わたしもニューヨークのことに関心があって毎年調査にいけるからニューヨークと東京を調べようと、そこからはじまるんです。

あるとき、法政大学総長もされた中小企業研究で有名な清成《きよなり》忠《ただ》男《お》さんに相談し「これから東京の地域経済の研究をやろうと思うんですけど」と聞いたら「いいよ、在京の学者に遠慮せずにやりなさいよ」っていわれた。それで安心して東京都庁にいったり、それからニューヨーク市に調査にいったり、足しげくかよいました。都市の全体像をとらえる必要があり、まずわたしがとった方法は、この『創造都市の経済学』のなかで東京都産業連関表とニューヨーク市の産業連関表を加工して、都市の全体構造を見られるような図にしたのです。もうひとつは典型的な場所を知ることが必要だと思って、当時ニューヨークで話題になっていたソーホーがよいだろうということで、ソーホーを歩きました（写真9）。それで学者もふくめて何人か知り合いが

写真9　ソーホーの一角

できた。ウィリアム・タブとかシャロン・ズーキンとかアン・マークセンとかニューヨーク市立大学の先生とそれから周辺の先生がたです。

この人たちはニューヨークに住んで本や論文を書いてる。いまやシャロン・ズーキンはジェイン・ジェイコブズの再来だと評価されているけど、まだ彼女がかけだしの助教授のころからつきあいがはじまった。実際にロフトにアーティストだけでなくて学者も住んでいた。ロフトはもともと工場や倉庫だったわけです。ロフトがあるソーホーなどの地区はむかしは工場があったところで、都市計画上の用途指定があり、工業専用地区なので住居としては住めない。ましてや、そこでアーティストがたとえばスタジオとして使うことはできない。だから最初は不法占拠状態でスクワット（不法居住）です。でもそれは、創造都市につきものだって思うようになった。シャロン・ズーキンがみずからロフトに住んで書いた『ロフト・リビング』という本には、アーティストたちが行政とやりあうようすが紹介されています。「ここに住みたいから、住まわせろ」とか、「このスペースを使わせろ」とか要求するわけです。そうするとニューヨーク市の文化局は、「それはわかった。用途指定は変えないけど、条例の読みかたを変える」、と対応しました。製造業とはマニュファクチュアでしょ。アーティストがアート作品をマニュファクチュアすると読みかえたわけですよ。そのときにアーティストとしての証明が必要になった。

赤坂　アーティスト証明ですか。どういう証明のしかたがあるのですか。

佐々木　みずからアーティストですといっても、ほんとうにアート活動しているのかわからないわけです。まだかけだしのアーティストは、ニューヨークの場合、だいたい収入

ジェイン・ジェイコブズ　一九一六―二〇〇六。アメリカの都市研究家、ジャーナリスト。ニューヨークの下町に住み、都市の多様性を重視する立場から既成の都市計画ならびに都心の荒廃と郊外開発を批判して論壇でも活躍し、一九六九年にはトロントに移住した。代表作に『アメリカ大都市の死と生』（鹿島研究所出版会）、『都市の経済学』（ＴＢＳブリタニカ）などがある。

源は皿洗いやホテルのドアボーイだったりします。俳優ならブロードウェイ劇場のスターをめざして練習しているわけです。本業はパートだからプロのアーティストと名のれない。それでニューヨーク市文化局は一年間アート活動したことを証明する申請書によって認定したのです。認定されればロフトでアート活動して、住んでもいい。おもしろいでしょ。いろいろヒアリングしていくとそういうことがわかってきた。

日本人でその申請書を書いたひとにジャパン・ソサエティ勤務の塩谷陽子さんがいます。最近はコンテンポラリーダンスが非常に注目されているけれど、彼女はジャパン・ソサエティの舞台公演部長になったかたです。彼女にニューヨークのおもしろいシーンに連れていってもらったことがあります。

コンテンポラリーダンサーには男性ふたり組が多く、ゲイであることが多いのです。しかもニューヨークだからブラジルや、アルゼンチンなどから。多様な人たちが集まるカフェにいきました。店内は男性ばかりだけどみんなゲイ同士で静かなのです。しかもドラッグも暴力もないから安全です。その一帯に劇場群がある。劇場にもランクがあって、アマチュアからだんだんプロにあがっていくシステムになっている。それを見せてもらってわかったのは、ゲイが住むようになるとまちが静かになって美しくなるわけです。ニューヨークのなかでそういう一角ができてくるわけ。これがジェントリフィケーションの最初なんだと。だんだん静かになり、お洒落になってくると流行に敏感な人たちが入ってきて不動産価格があがってくる。そしたらアーティストは住めなくなってまたほかへいく。このプロセスをシャロン・ズーキンが書いているのです。アーティストがまちを変えていくには、こういう実際のプロセスがある。おもしろいでしょう。リチャー

ジャパン・ソサエティ
一九〇七年にニューヨークに設立された非営利組織。日米の民間人のあいだで相互理解・感謝・協力をうながすことを目的としている全米最大の日米交流団体。芸術、ビジネス、教育、政策分野のイベントが多数ある。

ジェントリフィケーション
(Gentrification)
都市において比較的貧困層が多く住む中下層地域(インナーシティなど都心付近の住宅地区)に、クリエイティブな文化施設やカフェ、レストランができることで富裕層が流入し、地域の経済・社会・住民の構成が変化する都市再編現象。日本語では、高級化、中産階級化などの訳語があてられる。

ド・フロリダはゲイ・インデックス（指数）を創造都市のインデックスとして提案していた。ゲイが住むとまちがきれいになって美しくなって再生していく。

赤坂　生産性があがってあたらしいまちになっていくということですね。

佐々木　自分で現場を歩いてそれがわかりました。ゲイが集まるカフェにもいきました。塩谷さんは女性だから、男女のペアはまわりからじろじろ見られたけどね。まちのいろいろなところ、もっと怖いところにもいきました。ニューヨークには、コミュニティ・ディベロップメント・コーポレーションというまちづくり系のＮＰＯが多数あって地域再生にとり組んでいます。ほんとうに昼間でも危険な場所があるので、いわばチャリティ精神や、宗教的なミッションをもってとり組んでいます。コミュニティ・ディベロップメント・コーポレーションにたいして全体計画や資金を融資するようなＮＰＯもあり、それらのＮＰＯは大学と連携している。アメリカにはパーソンズ美術大学とか、プラット・インスティテューションなどデザインスクールがあるんですけど、デザインスクールのなかに都市デザイナーの人たちがいて、この人たちがスラム街の再生のビジョンを企画している。ウィリアム・タブという友人にそこにいきたいと案内してもらいました。あぶないから車をおりちゃだめだよっていわれるんですけどね。

赤坂　そんなにあぶないんですか。

東京は創造経済都市だから土建的公共投資による効果は薄い

佐々木　それでもたのんで何回か車をおりて歩きました。タブさんが安全か見極めてから

コミュニティ・ディベロップメント・コーポレーション（Community Development Corporation）
アメリカのまちづくりを民間で担っているNPO非営利組織で、低所得地域で保育所や医療施設、商店などの経営もおこなう大規模な組織もある。

写真10　ソーホーのグラフィティ

いっしょに歩けば大丈夫だよってことでした。当時はブルックリンとかとても危険なところもありました。ふり返ってみると、一九七五年ニューヨーク市財政が破産しています。このとき大混乱してまちがきたなくなる。ごみの収集車が減るからです。このときにアーティストが最初にアイ・ラブ・ニューヨークという活動をおこすのです。あの有名なロゴがあるでしょ、まさにその財政破産の最中ですよ。アーティストたちが汚れたまちをきれいにしようと、グラフィティを描いたりする（写真10）。アーティストが好んで集まる場所は、そうしたプロセスがあって生まれてきたということを、わたしは『創造都市の経済学』のなかで書きました。

ブロードウェイはコマーシャル・シアター。オフブロードウェイはノンプロフィット・シアターという区分があるのです。そのちがいと関係を調べると、これは非常に合理的です。オフブロードウェイというのは、たとえば新人作家が作品を書くとあたるかどうかわからないから、市場テストしたいという場合にオフブロードウェイで一週間やってみる。比較的安あがりの俳優を使って座席のすくない小屋でやる。しかもノンプロフィット劇場だから助成金が出る。それで評価があがったら、ちょっと長くやりましょうってなるわけね。だんだん劇場が大きくなっていって成功したら、プロデューサーが資金調達して、ロングランの興業をブロードウェイ大劇場のコマーシャル・シアターでとな

グラフィティ
一九七〇年代のニューヨークで、壁や電車などへのスプレーやフェルトペンでの落書きからはじまったアヴァンギャルドなアート。

るわけです。つまり新作の市場テストができるシステムです。

日本のミュージカルには、それがないわけですよ。なので、劇団四季はニューヨークのブロードウェイとロンドンのウェストエンドで売れたオリジナルを買ってきて、日本語版を提供する。こうして東京は輸入型の消費文化都市となる。ほんとうは浅利慶太氏もオリジナルをつくりたかった。でもそれだけで飯が食えないとわかったので、劇団四季をオリジナルの輸入型をメインにして運営してきた。もともと劇団四季は出発がフランス演劇だったよね。いっぽう、鈴木忠志氏は富山県の利賀村の奥にいって成功したんですけど。浅利慶太氏は、都市型のコマーシャル・シアターを輸入した。それらの演劇システムもふくめてニューヨークと東京をくらべ、文化の創造にきちんとお金を投資して、そこに若い人が育つシステムとなっているか否か、わたしは批判をこめて書いたのです。

ニューヨークのアートセクターが都市経済のなかでどんなウェイトを占めるかということを書きたいと考えていたら、あるときおもしろい報告書を見つけた。その場所はポート・オーソリティの経済部門です。ニューヨークとニュージャージーのふたつの州にまたがる港務局ですが、日本でいうと国の機関にちかい。ニューヨークとニュージャージーの四つの空港と地下鉄、ニューヨーク市のバスセンターを運営してる巨大な公共機関です。ニューヨーク市役所ではわからないデータは、そこにいくとわかる。高層階に経済分析部門があって、産業連関表を分析したデータを五年に一回出しています。アートセクターの大きさと波及効果もそれに載っていることに気がついた。そこで入手したデータをもとにして、東京でこれに匹敵するデータがとれたら比較ができるので、東京都産業連関表で比較可能なデータをつくれないかと思案してたのです。そしたら資金があ

浅利慶太
一九三三―二〇一八。「劇団四季」創設者のひとりで、劇団の運営・管理にあたる「四季株式会社」の代表取締役社長・会長・芸術総監督をつとめ、日本を代表する商業主義ミュージカル劇団としても、企業としても成長させた。

ればできるといわれたので。当時の文化庁の課長さんに相談してみました。結果的に東京都連関表から文化関連産業を抜きだして、その市場の大きさと波及効果を測定してみたら、とてもいい数字が出ました。これは専門的ですけど、東京都はバブルの前後は、まさに輸入文化市場が大きい。そうすると東京都で演劇公演とかミュージカル、オペラ、音楽イベントとか開催したときの波及効果と、橋や空港の造成など公共事業の波及効果をくらべたら、東京都内への波及は芸術文化系のほうが大きいことがわかったのです。

これはかんたんなことで、道路や橋をつくるには、コンクリートと鉄が必要です。製鉄工場は東京都にはすくないですね、ところが文化イベントは劇団、オーケストラ、広告関連、放送局もふくめて、ほとんど東京にあり、文化産業は東京都に圧倒的に集積して、東京はすでに創造経済になっている。東京都は従来型の公共投資をしても、それによって直接雇用は増えないかわりに、製造工場のある地方に効果が波及する。

もちろん、逆のこともいえて、たとえば浜松でオペラ公演があると、そのときは東京経済がうるおう。オペラ劇場を動かす専門家たちは東京から派遣される。海外からオペラカンパニーを招集したら、マネジメントを担当する音楽事務所がもうかる。つまり輸入型文化産業は東京に集まっているから、地方で文化イベントを開催したら東京経済がうるおう構造になることもわかった。東京への文化一極集中とはそういうことなんだと。地方はただものを製造しているだけ。東京には本社があり、文化産業と放送局とメディアが集積している。日本の文化産業優位の構造は、博物館でもみられます。戦前から海外美術展は新聞社などが企画して百貨店を会場にしてやってきました。いまでもそうだけど日本の博物館、美術館は海外美術展の企画能力が低いです。大手新聞社の事業部が何年か先まで決めるから、そういう構造になってしまっている。これは明治維新後から続いています。そういう構造になってることがわかったんで、文化一極集中構造を転換しなきゃいけない。

赤坂　文化庁（二〇二一年度中に京都へ移転予定）が京都に移転すると、どういうことがおこるんでしょう。

佐々木　まずひとつは、平田オリザさんです。

赤坂　むこうにうつってしまいましたよね。

佐々木　豊岡市（兵庫県）ですよ、劇団「青年団」の本社移転ですよ。さらに専門職大学をつくって演劇分野の人材を本格的に養成する流れが生まれることが大事なんです。おもしろいでしょ。

赤坂　東京に文化がなくなるわけですね。

佐々木　いや、東京の文化は輸入型から創造型に変わればいいじゃないですか。わたしは下町の中小企業からあたらしく生まれるものに関心を寄せようと思って、それで墨田区と大田区を分析した。墨田区は江戸から職人文化なんですよ。ちいさなミュージアム運動とか。いわゆる工房ネットワーク型のまちづくりがすすんでいたので。大田区はハイテクでアートをつくる。創造都市ネットワークを立ちあげるときに特別区を対象に入れました。だから二〇一九年には、豊島区が今年東アジア文化都市事業を主催するのですよ。

赤坂　豊島区ですか。ぼくの大学も豊島区目白ですけれど。

平田オリザ
一九六二―。劇団「青年団」主宰、こまばアゴラ劇場支配人。代表作に『東京ノート』『ソウル市民』三部作など。現代口語演劇理論の提唱者であり、自然な会話とやりとりで進行する「静かな演劇」の作劇術を定着させた。兵庫県城崎温泉に開設された城崎国際芸術センターの芸術監督をつとめ、二〇二一年開学予定の演劇観光専門職大学の学長候補でもある。

佐々木　池袋の芸術劇場があるでしょ。豊島公会堂跡にブリリアホールが、池袋西口公園に野外劇場グローバルリングなど劇場群がまだ増えますよ、豊島区には。立教大学があるでしょ。

赤坂　アートプロデューサーの相馬千秋さんがフェスティバル／トーキョーを成功させたんですね。

佐々木　相馬さんそこにいたの。フェスティバル／トーキョー。

赤坂　最近すこしだけ台湾にいくようになったけれども。いま台湾は文化や芸術で立っていくしかないっていう国家戦略をもってますよね。

佐々木　そうです。

赤坂　台湾のアート関連の場所に案内してもらった影響が大きいですけれど、若い人たちの活躍の舞台を一生懸命つくってそれを育てようとしている姿が、すごく印象的なんです。台湾という国は若者たちを信頼して彼らに将来を託そうとしていると、そうぼくには見えた。

佐々木　そのとおりです。

赤坂　実際にアート系のホテルなんかもつくっている。二〇歳前後の若い子たちばっかり働いて運営しているカフェが横にあったり。あるいはいくつか若いアーティストたちのための、なんていう名前でしたっけ。

佐々木　プラットフォームでしょ。

赤坂　プラットフォーム。そこでまだかけだしのアーティストたちに場所をあたえたり、工芸的なものをきちんと売るショップを展開したりということをやっている。その場所

フェスティバル／トーキョー　東京豊島区の会場を中心に都内で開催される国際演劇祭。一九八八年にはじまった「東京国際演劇祭'88池袋」を起点として、二〇〇九年から現在の名称になった。

がほとんど打ち捨てられた工場跡とか、ニューヨークを歩いたら現代アート系はみんなナビスコの工場跡とかなんですよ。それを思うと東京はこれからいっきにオリンピックを経て空洞化していく。捨てられていく。だから空き地や空き場所がたくさん出てくる。そのときに若者たちとかアーティストたちに、それをゆだねるということができるかどうか。東京は創造都市へとなるきっかけをもらえるのかもしれない。だって地価だって完全に落ちますよね。

佐々木　そうですね。だからそのときがチャンスです。

赤坂　お話をうかがいながら二〇二〇年からの東京沈没では、ある意味で成長から成熟へというふうに大きく社会転換していかざるをえない。そのときに若い力とかアーティストたちの力が生かされる。社会をクリエイティブに変革していくためのきっかけになるかもしれない。

佐々木　それはね、ニューヨークでおきたリーマンショック級のものが、東京でもおきるということです。

赤坂　まちがいなくおきますね。

佐々木　そのときにいくつかの傾向があって、『創造農村』でとりあげた徳島県の神山町が典型です。過疎地にいきなりアーティストや**ICTワーカー**が集まってくる。これはリーマンショックの影響です。リーマンショックでニューヨークのオフィスから離れた人がいっきに過疎地まで飛んできた。東京や大阪を通りこして。移住ということばも、やはりリーマンショック以降にさらに現実味を帯びたわけです。つまり現状の古いタイプの仕事に就労する移住じゃなくて、ＩＣＴの仕事につくための移住とか、アーティス

ICT (Information and Communications Technology) ワーカー
ネットワーク環境が整備されていれば、情報通信技術分野で働く人びとは農山漁村の環境のよい場所にオフィスをかまえて、クリエイティブな仕事ができる。

トが移住するかたちです。それは東京圏内でもおこるでしょう。ＡＩが本格的に普及すると従来型の仕事はいよいよ減って失業者は増えますよね。ＡＩを活用する仕事でないとだめなんですよ。いまの学生たちに「きみたちは創造性がなかったら失業しますよ」っていうとみんなハッと注目しますよ。「想像力ってどうやって身につけるのか」という話です。これはアーティストだけじゃなくてみんなが問われること。創造都市はまさに都市のありかたの変革ですから、製造業だけでは食っていけないし従来型の仕事でも食っていけない。いっぽうで人生百年みたいな高齢化の状況があるので、社会活動寿命をのばすためにクリエイティブ・エイジングが課題になるのです。わたしたち団塊の世代もまさにそうなんだけど、定年前に第二、第三の仕事を準備しなくちゃいけない。そのときの課題は変身資産なんです。変身できる能力や資産がない人はだめです。

赤坂　それもまたつらい。

明治維新前はみんなフリーランス

佐々木　変身資産とは自己認識とスキルとネットワークだといわれる。だから第一の仕事の期間に、スキルとネットワークを身につけることが重要になってくると思います。

赤坂　すでに若い世代は定住とか定職とかいう考えかたから、離れつつありますね。そこにしがみついたっていつ捨てられるか、切り捨てられるかわからないから個人と組織が一体となり、双方の成長に貢献しあう関係がたいせつになってくるのだと思います。

佐々木　そうです。だからフリーランスで生きるってことがわりとあたりまえになってきたときに、いままでのフル・エンプロイメントということばは、いわゆるフル・エンゲージメントということばにとってかわってきた。前者は完全雇用で、大企業モデルを前提にした終身雇用が維持できなくなったので、フル・エンゲージメントということばが社会の目標になってきたのですが、そのフル・エンゲージメントということばを内閣府は「一億総活躍社会」と訳しちゃったけど正確には「全員参画型社会」ですね。ＮＰＯであれ、ボランティアであれ、いろんな活動で社会とかかわりをもつことが大事で、それを実現するためにＡＩの時代にふさわしい所得のありかたを変える必要があると思っています。どう変えるのかというとベーシックインカムです。

赤坂　なるほどね。でも日本の社会で受け入れられるんでしょうか。

佐々木　やむをえないでしょう、それやらないと。結局、従来のいわゆるケインズ経済学がベースにしていたのは景気が悪くなったらＴＶＡのような公共事業で完全雇用を実現する。アメリカでは完全雇用法（一九四六年）って法律までつくり、政府の目標にしたけれど政府はもうそれができない。大企業も四〇年、五〇年終身雇用を維持できない。完全雇用を国や企業が保証できないから、それならフリーランスがあたりまえになる。明治維新前はみんなフリーランスでしょう。フリーランスでも大丈夫なようにベーシックインカムを保障するってことです。

赤坂　月三〇万くらいですかね。

佐々木　月三〇万あったら御の字だけど、仮にそこまでなくても最低限保障する。それをベースにしてあたらしい仕事にチャレンジしていく。成功すればもうベーシックインカムは必要なくなる。でも、障害者だとか高齢者だけが社会保障の対象である時代はたぶ

ベーシックインカム
政府がすべての国民にたいして最低限の生活をおくるのに必要とされる金額を定期的に支給する政策であり、欧州などでパイロットプログラムがはじまっている。

んもう終わりです。国民に等しくベーシックインカムを保証するほうがかんたんだよね。つまり、いま年金積みたてても、結局その大きなお金はだれも管理できない。いまの政府は年金基金で、多額の株を買ってるでしょ。いつ値くずれするかわかんないじゃないですか。なら毎年集めたものは毎年分配したほうがかんたんなんです。

赤坂　できないことやってたんだね。

佐々木　政府にはできない。そんなこと第二次大戦前のドイツの国家破産の経験でわかってた。ベーシックインカムを実現するうえでやっかいなのは、「日本人」にこだわる点ですね。移民労働力を開放してゆくといろんな人たちが入ってきて日本の社会が多様化します。そのときにベーシックインカムをどこまで広げられるか。こういう大事な問題こそ政府が話さなきゃいけない。

赤坂　話してないですよね。

佐々木　いや、話してると思うけど出さない。それを全部かくして安倍さんが自分のやりたいことだけ、つまり憲法の話だけにもっていっちゃってる。

赤坂　地域おこし協力隊って、ある意味で三年限定のベーシックインカムかもしれないですね。

佐々木　そうともいえますね。加えていまは子ども手当をはじめた。あれもベーシックインカムにちかいですよ。ヘリコプターマネーといわれてるけど、海外でもやられてるわけ。これだけ年金基金を使って株をつりあげても、企業のところに内部留保で全部とまってるじゃないですか。だったら、国民に分配したほうがいいに決まってるわけ。対抗モデルをもっと出さないといけない。

ヘリコプターマネー
ヘリコプターから現金をばらまくように、中央銀行または政府が対価をとらずに大量の通貨を市中に供給する政策。アメリカの経済学者ミルトン・フリードマンが、著書『貨幣の悪戯』（三田出版会）でもちいた寓話に由来する。中央銀行による国債の引き受けや政府紙幣の発行をさす。

赤坂　佐々木さんのある種の学問か思想なのか、その構えとして、必ず対抗モデルをつくってそれを一生懸命育てていらっしゃる。そういうことを、野党に教えないといけないですね。

佐々木　わたしは宮本先生からそういうことを習い、ボローニャの先生たちからも習った。

赤坂　そうですか。文句や批判ばっかりしてたって、具体的な対抗モデルを示さないとだめですね。

佐々木　アングロサクソンの価値観がすべてじゃない。ことなる世界があり、それを提案していかなくちゃいけない。それでラテン社会、とくにイタリアなどでは社会協同組合が出てきて、それに必要なお金をバンカ・エチカ（倫理銀行）が提供してゆく。倫理性のある預金、資金、制度をどんどんつくっていく必要がありますね。社会的危機の時代に、その矛盾が集中する農村から対抗モデルを出さないといけないですね。

赤坂　ここでぼくは柳田國男の『都市と農村』についてふれたくなりました。これは最近岩波文庫に入って、これの解説書いている。昭和四年の著作なんですけれども、農村の疲弊ということばがさけばれている時代に。

佐々木　一九三〇年代ですね。

赤坂　柳田がそこでぽつりぽつりと語ってることは、地域社会にのこされたというか埋もれながら可能性がのこっているものとして、「共産性」っていうんですよ。その共産性っていうのは相互扶助のシステムで入会的なもの、コモンズですか。

佐々木　コモンズですね。

赤坂　コモンズこそが古い伝統社会の核であり、いま消えつつあるけども、それをもう一

バンカ・エチカ（倫理銀行）　一九九九年にイタリアのパドヴァで創設された銀行で、「公平で持続可能な社会づくりへの貢献」を理念に掲げ、「社会や環境によりよい影響を与える事業」に融資する規定を設けて、社会福祉、再生可能エネルギー、共生社会を掲げる非営利団体や協同組合を対象としている。

『都市と農村』　朝日新聞社、一九二九年（岩波文庫、二〇一七年）

コモンズ（Commons）　「共有の」「共通の」という意味のコモン（Common）から派生した概念で、前近代イギリスで牧草地の管理を共同でおこなってきた制度をさし、日本では「入会」「共有」として制度化されてきたが、近代化のなかで共同体的関係の崩壊により危機に立っている。

度きちんとよみがえらせることによって、あたらしい共同社会の芽生えがあるという議論を柳田國男がこの時代にしているんですよ。そのなかでもうひとつ、ネットワーク型の地域がそれぞれの地場産業などを大事にしながら、地域社会が水平につながっていく、ネットワーク型の構想っていうのを柳田は語っている。ぼくは佐々木さんのお話をうかがいながら柳田が『都市と農村』のなかで語ろうとしたこと、語っていたことを、もう一度創造都市論、創造農村論のなかで光をあてたいと思いました。会津でいま、佐藤彌右衛門さんを中心にやっていること、まさにそこに可能性の種子としてつながっていくかもしれない。じつは震災のあとに経済界の人たちのまえで講演をする機会が、偶然のようにありました。政府の復興構想会議の委員だったからです。

佐々木　そうだったね。

地方のエネルギーを地方で売り利益をシェアする

赤坂　経済同友会に呼ばれるわけですよ。そこでぼくがとつぜん、再エネとか自然エネルギーに目覚めて、その話を一生懸命するんですよ。そうしたら、終わってから有名な大企業の社長があわれむようにふたつのことをいいました。ひとつは「先生のお話には一度も数字というものが出てきませんでした。ポエムですね」ってほめていただいたんですよ。ポエムだ、数字の出てこないあなたの話はなつかしいポエムだっていわれたんです。もうひとつ、彼がぼくに突きつけたのは「先生は自然エネルギーについて一生懸命語ってくれましたが、自然エネルギーは雇用を生みません」ということです。雇用を生まないから残念ながらつぎの時代を支える原理にはならない、可能性にはならないっていいかたをされて、ぼくは数字が苦手なもので、ああそういうもんなのかなと思った。でも、会津で再生可能エネルギーを中心とした動きがはじまって、たちまち彌右衛門さんは一年もせずに会社をつくって、一〇億のお金を集めてがんがんはじめるわけです。一年したら一〇人、二〇人の若者が雇用されてました。あれっ、これなんなんだって思ったときにぼくはよくわかりました。あの大企業の社長さんは、まさに佐々木さんのいわれた垂直構造の末端で生まれたエネルギーが生み落とした利益を、全部中央に吸いあげる、目減りさせずに吸いあげる。だから地域に雇用なんて生まない、生んじゃいけない。雇用を生まずに目減りさせず、中央集権的にその利益を収奪するというのが彼らのビジネスモデルなんですよ。でもわれわれが会津でやってるのはそうではなくて、その地域のなかでの地産地消、地域のなかで生まれたエネルギーを地域のなかで売り利益をシェアしていく。だから一〇人、二〇人の雇用がたちまちにして生まれてしまった。でも社長以下だれも過剰な収益なんてもらってない。しかしシェアをすることによって希望を見いだした若者たちが、目を輝かせて働いている。地域分権型のビジネスモデルっていうのは、こんなふうに地域を変えていくんだっていうことに気づかされた。そのときにバイブルのように佐々木さんの本が頭に浮かびました。本で示されているように、垂直型のモデルにたいして水平型の価値観や組織のありかたを提示することによって、じつはがらっと変わる。それでいま会津は、ものすごい力つけてますよ。脱原発は右も左もなくせざるをえない。生きのびるために。

佐々木　そうなんだ。政治じゃないんだよ。

赤坂　垂直型の中央集権型のエネルギー産業をもってきても、地域にとってはミニ原発にすぎないってことをわかってしまっているから。さすがに地場産業的に興された自然エネルギーの企業を、県も応援せざるをえないですよ。

佐々木　おもしろいなあ。最後にひとことだけいわせてもらうと、垂直型の上意下達型の働きかたは、この本でわたしはラボーロといってるんですよ。ラボーロはレイバーという英語になります。つまり賃金奴隷のことです。水平型でみんなが希望をもってネットワークで働くのはオペラ。

赤坂　オペラですか。

佐々木　ラテン語のオペラって幅の広いことばで、そういう意味なんですよ。職人の仕事もオペラです。音楽のオペラはオペラ・リリカ。日本語ではオペラっていうと、オペラハウスのオペラだけどイタリアではオペラってもっと広い意味をもっています。手術だってオペラでしょ。オペですね。さらにいうと、解剖学教室はテアトロ・アナトミコです。テアトロは劇場という意味であるだけでなく、解剖を学ぶ階段教室も劇場なんですよ。イタリアにいくと、そういうことだったんだと目からうろこのことが多いです。

赤坂　こんどイタリアに遠足にいきましょう。

佐々木　だからこの本『創造都市への挑戦』のかくれたテーマはオペラとラボーロなんですよ。ラボーロ、英語のレイバーは、日本語だと賃金奴隷のことです。奴隷ですよ。だから大企業ではみんな賃金奴隷なんです。働き方改革だってそうなんです。じつのところオペラ化されたらこまるんですよ。

赤坂　おもしろかったです。ありがとうございました。

Ⅱ部

障害者と芸術表現　――川井田祥子

観光としてのフィールドワーク　――敷田麻実

障害者と芸術表現

——川井田祥子

I　研究者になった経緯

わたしがフィールドとしているのはおもに障害福祉施設である。社会人大学院へ入学し、障害者の芸術表現を研究テーマとして定めたのであるが、その理由は自身の経験によるところが大きい。企業につとめていた二〇代のころ、友人に誘われて「わたぼうし大阪コンサート」の当日運営を手伝うことになった。当時は大阪市北区にあった毎日ホールを会場にしており、昼と夜の二部公演で来場者は計八〇〇人をこえるほどの規模であった。何もかもがはじめてなのに受付を担当することになってしまい、場内に入ってコンサートを楽しむ余裕はなかったが、達成感を感じることができた。終演後に奈良のたんぽぽの家でおこなわれた交流会へも誘われるままに参加し、そこではじめて障害をもったかたがたとじっくり話をする機会を得た。それぞれの恋愛経験や日常生活のようすなどをありのままに聞くことができ、その場の雰囲気にすっかり魅せられ、ボランティアとしてたんぽぽの家やわたぼうしコンサート実行委員会にかかわるようになっていった。当時のわたしは、プログラマーとして企業の財務システムや大学の学籍管理システムなどの開発業務にたずさ

わたぼうし大阪コンサート
一九七三年四月に発足した「奈良たんぽぽの会」が一九七五年に奈良で初開催したコンサート。障害者の書いた詩に音楽好きの若者が曲をつけてうたうもので、音楽をつうじてメッセージを伝えるというスタイルが共感をよび、全国各地のみならずアジア各国でも開催されるようになった。なお、奈良たんぽぽの会は一九七六年八月に「財団法人たんぽぽの家」を、一九八七年七月に「社会福祉法人わたぼうしの会」を設立した。

たんぽぽの家
市民運動によって建てられた民間障害者施設で、一九八〇年五月に開設された。現在は財団法人たんぽぽの家の事務局だけでなく社会福祉法人わたぼうしの会事務

わっており仕事にやりがいを感じていたものの、ボランティア活動で多様な人びとと協働することにもひきこまれていった。企業での仕事は効率性や合理性を判断基準にしていればよかったが、ボランティアでの協働にはさまざまな価値基準がもちこまれ、個々がやりたいと思っている「オペラ」（Ⅰ部「対談」60ページ参照）をどのように実現していくかが問われる。壁にぶつかるたびにみずからのモノサシを見つめなおさざるをえず、結果として自身の視野を広げてもらったと感じている。また、障害のある人と交流するなかで社会にひそんでいる課題に気づくとともに、自分自身にとっても「自立とは何か」を考えはじめたことが転機となった。

その後、企業を退職してNPO等で働くようになり、佐々木雅幸先生の講演会を企画したことから「創造都市」への関心をもつようになり、さらに学びたいと考えて佐々木先生のおられる大学院への入学を決めたのである。

佐々木先生の提唱されている「創造都市」とは、市民一人一人が創造的に働き、暮らし、活動する都市をさす。もともとは一九九〇年代後半に欧州で、文化政策と社会政策との融合を志向するなかで登場した概念である。[1] そこでわたしは、創造都市の主役となる〝市民〟は障害の有無にかかわらず「だれでも」であり、だれもが創造的に生きていける社会を具現化するために文化創造と**社会的包摂**を接合する可能性を検討していく必要があるのではないかと考えて、みずからの研究テーマを設定した。

幸運なことに、博士（後期）課程へ進学した二〇〇九年度に大阪府が「**アートを活かした障がい者の就労支援事業**」を開始し、あらたなしくみ構築のために必要なデータを収集

局やアートセンターHANA、福祉ホームコットンハウスなども併設されている。

社会的包摂
「社会的排除（ソーシャル・エクスクルージョン）」と対になる概念で、ソーシャル・インクルージョンの訳語。貧困が経済的要因による状態をさすのにたいして、社会的排除は経済的・社会的・政治的要因と排除にいたる過程にも着目した動的概念である。社会的排除を克服することが社会的包摂とされ、社会的つながりの有無も重視される。

アートを活かした障がい者の就労支援事業
障害者のつくった作品の美術的価値を評価し、それを市場につないで就労支援にむすびつけることをめざした事業。二〇〇九年度から二〇一八年度までの期間に実態調査や公募展、企画展、フォーラムなどを実施した。

するべく、府内の障害福祉施設でのアート活動の実態調査もおこなうことになり、その調査をわたしが担当することになった。調査の具体的内容にふれるまえに、当時の福祉制度をめぐる状況と、大阪府がなぜこのような事業を推進することになったのかという経緯について述べてみよう。

II　せまられる福祉国家の再編

完全雇用政策の推進と社会保障制度の充実によって国民の福祉の増進をはかろうとした「福祉国家」という社会システムは、経済成長と不可分なものである。第二次世界大戦後のしばらくのあいだ、先進諸国においてこのシステムはうまく機能していたが、グローバリゼーションによる市場競争の拡大と、脱工業化という産業構造の転換、さらに少子化の進展とともに十分に対応しきれなくなってきた。そのために欧米の先進諸国では**ワークフェア（雇用志向政策）**を導入し、労働市場への参加をうながす制度改革がおこなわれた。日本も例外ではなく、「自立支援」を掲げて福祉と就労をむすびつける制度改革があい次いだ。契機となったのは二〇〇〇年の**社会福祉基礎構造改革**であり、「自立」を理念として掲げ、二〇〇二年の児童扶養手当法改正とホームレス自立支援法の制定、二〇〇五年一〇月の障害者自立支援法成立など、次つぎに改革がすすめられた。これらはワークフェアの流れに連なるものであり、この流れを加速させたのは「小さな政府」と「経済成長」の実現をめざして推進された小泉改革である。**小泉政権**は新自由主義のもと、財政縮減のために福祉サービス受給者の自己責任を強化する政策を推進していったのである。

ワークフェア（雇用志向政策）
ワーク（労働）とウェルフェア（福祉）をくみあわせた造語で、生活保護や障害者年金などを給付する際、その受給者に働くことを義務づけて、将来的に経済的自立をめざすようにうながす制度。しかし、労働を義務づけられた労働者が不当に低い賃金や不利な労働条件を強いられるケースもあるため、あらたな排除につながるという批判もある。

社会福祉基礎構造改革
一九九〇年代に入り、少子高齢化が進展していく状況をふまえ、社会保障制度全体を再構築するための議論が活発になったことに端を発する。一九九四年に「社会保障将来像委員会第二次報告」が公表され、介護問題では保健・医療・福祉を統合し、利用者の選択を重福祉サービスの対象者となる人びとにたいして、働くことをむやみにすすめることはあらたな問題を生じさせかねない。昨今、非正規雇用者の増大が社会問題化していることからもあきらかなように、就労がそのまま貧困を解消することにはなっておらず、あらたな排除を生みだしているケースもある。また、働く意欲はあっても自分の望む職につけないことや、期限つきの非正規雇用による就労と失業のくり返しによって、人びとは自己否定の感情にとらわれてしまう。真の意味での「ワークフェア」社会を実現するためには、「フェア・ワーク（仕事にたいする公平な処遇）」と、労働市場からの排除によって「社会からの脱落者」というスティグマ（恥辱の烙印）を感じてしまいがちな当事者の、精神面でのケアもふくめた制度設計が必要になってくると考えられる。

そこでわたしは、文化政策と社会政策との融合を志向する「創造都市」という概念に着目したのである。

Ⅲ　大阪の地域特性と先駆性

ここでは、障害児教育にたいして大阪が熱心にとり組んできた地域であること、およびその先駆性について述べてみたい。

一九四〇年六月、日本ではじめて知的障害児を受け入れる学校として大阪市立思斉《しせい》養護学校が設立された(2)。きっかけとなったのは、大阪市が一九三九年二月から市内の全児童を対象におこなった「学業不振児」の調査だった。この調査は当時の大阪市教育部長だった菅野和太郎《かんのわたろう》の英断により約半年間にわたって実施され、その結果、精神あるいは身体のど

視すること、サービス主体の多様性、競争原理による質の向上などが勧告された。

小泉政権
小泉純一郎が内閣総理大臣をつとめたときの政府。期間は二〇〇一年四月から二〇〇六年九月で、日本経済の再生を最重要課題として〈聖域なき構造改革〉を掲げ、道路公団や郵政事業の民営化などを断行した。

大阪市立思斉養護学校
もともと「養護学校」という名称で設立され、二〇〇九年四月に「特別支援学校」と名称変更した。なお、この節では当時の一般的な呼称であった「養護学校」をもちいている。

学業不振児
精神あるいは身体のどこかに障害があるため、障害のない児童といっしょに教育を受けることの困難な児童を意味する。

こかに異常があるためにふつうの教育指導を受けられない児童が約三七万七〇〇〇人中八八四六人、全体の二・三三%におよぶことが確認された。そして、当時の大阪市長・坂間《さかま》棟《むね》治《じ》の決断もあって、思斉養護学校が開設されたのである。

黒田了一革新府政の時代（一九七一〜七九年）には、オイル・ショックやドル・ショックで財政がきびしかったにもかかわらず府内各地での養護学校の建設、共同作業所への補助金の大幅拡充、民間福祉施設職員への給与改善補助の実施、重度障害者医療費助成制度の創設など、さまざまな事業が展開された。大阪はもともと部落解放運動など人権意識の高い地域である。障害児・者の権利擁護の運動も活発で、一九七九年に養護学校が政府の方針によって義務教育化されるよりまえに、重度障害児にたいしても教育保障をおこなってきた。そうした流れのなかで重度障害児たちのためにと美術や音楽などの科目が重視され、周囲の人びととのコミュニケーションがとれるように、感情の解放につながるようにと考えられて表現活動がとり入れられていた。

義務教育化が開始される前年の一九七八年、豊中市内の養護学校の美術教員たちは、生徒たちの作品が芸術作品としてすぐれていることをより多くの人に知ってほしいと考え、展覧会開催を計画しはじめた。美術教員はほとんど教育大学の美術科あるいは芸術系大学の出身者であり、生徒たちの絵が芸術作品として評価される場をつくりたい、同情ではなく作品を純粋に見てほしいと考えて行動したのである。そして一九七九年二月、豊中駅前のときわ画廊で作品展を開催した。作品展で手応えを感じた教員たちは府立のほかの養護学校六校によびかけ、一九八〇年六月には一〇人のメンバーで「大阪精神薄弱養護学校造形教育研究会」を発足させた。その年の一二月にははじめて複数の学校生徒の作品展を大

黒田了一革新府政
大阪府知事をつとめた黒田は、美濃部亮吉東京都知事（一九六七—七九年）、蜷川虎三京都府知事（一九五〇—七八年）とともに「革新知事」と称される。高度経済成長の末期において、深刻な公害問題などが生じて生活環境に不満をいだいた住民が、経済成長優先の自民党政治ではなく、住民福祉優先への転換をもとめたゆえの選択であった。

部落解放運動
被差別部落の人びとへの人権侵害を撤廃して、基本的人権の回復をもとめる運動。幕藩体制の身分制度のもとで最下層におかれた人びとが、著しい差別を受けたことに端を発する。明治以後の法制度によって差別は形式的に解消されたものの、現実にはさまざまな差別がおこなわれていた。こうした状況を克服し、部落の完全解放をめざす運動を意味

阪梅田のマルビルギャラリーで開催し、大きな反響を呼んだ。現在も「大阪特別支援教育諸学校造形教育研究会」という名称で活動は継承されており、毎年一回「**子どもたちの讃歌**」と題した展覧会も開催されている。

二〇〇〇年代に入ってから、府内でアート活動にとり組む障害福祉施設の実践に注目が集まるようになった。筆頭にあげられるのは二〇〇二年四月大阪市平野区に開設された「アトリエ インカーブ」である。**社会福祉法人素王会**《そおうかい》が運営する生活介護事業所で、かよってくる障害者は自分のペースで絵を描いたり立体作品をつくったりしている。インカーブがめざしたのはまず作品への正当な評価を受けられるような環境づくり、そして本人が望めば作品を販売して経済的価値を実現していけるような支援をおこなうことである。つまり、作家に障害があっても生みだした作品の芸術的評価には無関係であること、障害者だからといって皆一様に従来の福祉施設にありがちの単純な下請け作業に従事する必要はないことを、実践によって証明しようと活動している。実際に、生みだされた作品の多くは国内外で高く評価されており、アートフェアに出品すれば作品を購入したいという人が必ず現れるほどである。

インカーブの活動は開設まもないころから社会的に注目を集め、障害者の創作活動を療法的あるいは余暇的活動としてとらえてきた行政も関心をむけるようになった。たとえば二〇〇七年三月、インカーブのクリエイティブディレクター**今中博之**さんが文部科学省と厚生労働省、国土交通省合同の次官勉強会にゲストとして招かれたり、同年一二月に文部科学省と厚生労働省が「**障害者アート推進のための懇談会**」を設置した際に今中さんが委

する。

子どもたちの讃歌
子どものつくる作品は子どものいのちの現れであり、いのちの讃歌である。また、讃歌は参加とかけてあり、多くの人が展覧会を見にきて、作品をとおして子どもに出会ってほしいとの願いをこめて名づけられた。

社会福祉法人素王会
二〇〇二年九月に設立された。「素王」とは王の位はないが王としての徳を備えた人を意味する。

今中博之
一九六三―。社会福祉法人素王会の理事長もつとめる。主著に『観点変更 なぜ、アトリエインカーブは生まれたか』（創元社）、『社会を希望で満たす働きかた ソーシャルデザインという仕事』（朝日新聞出版）、『かっこいい福祉』（共著、左右社）などがある。

員に就任したりするなど、いまなお多くの公的役割を担っている。

こうした動向をふまえて大阪府は二〇〇八年度に「アートを活かした障がい者の就労支援懇話会」を設置した。メンバーには今中さんもふくまれ、インカーブの実践を普遍化しようと議論を積み重ねて二〇〇九年三月に提言書をとりまとめた。[3] おもな内容は、「障がい者の創作活動は、障がい者が楽しみながら豊かな心を育むことができ、それが他者とのコミュニケーションの手段となり、また自己実現を図ることができるなど、障がい者の自立と社会参加を図るうえで大きな意義を有する」と位置づけたうえで、「芸術的な評価に基づいて収入を得ることにより、就労の支援にもつながっていくような、新たなしくみの構築が必要である」というものである。府はこの提言を受けて翌二〇〇九年度、あらたなしくみ構築のために必要なデータを入手するべく、府内の福祉施設での創作活動の実態調査を実施することとなり、先に述べたとおりわたしが調査を担当した。

Ⅳ　大阪府の実態調査の概要

本調査の目的は、府内の障害者の芸術的価値の高い作品を発見・評価するとともに、障害者の就労支援につなげるしくみ、国内外で広く活躍できる芸術家を育てるようなシステムを構築するための基礎資料を得ることであった。

手順としてまず、二〇〇九年九月に第一次調査票を府内の福祉施設、全七六四か所に郵送した（73ページ資料1）。回答を寄せてくださった施設のうち、芸術的表現活動をおこないかつ作品の写真が添付してあった一〇二か所にたいして訪問調査の受け入れを打診した。

障害者アート推進のための懇談会
障害者の自由な芸術文化活動を推進するため、関係者が意見交換をおこなって必要な取り組みについて提言することを目的とし、厚生労働省・文部科学省の共催により二〇〇七年一二月から二〇〇八年六月まで計六回開催され、二〇〇八年六月二八日に報告書が発表された。

了承を得た施設四九か所と、さらに絵画教室二か所、特別支援学校五校を加え、計五六か所を一〇月中旬から約二か月間かけて訪問した。訪問調査には、府から事業を委託されたわたしと府職員、および学芸員の資格を有する者またはそれと同等の資質を有する者三人がいっしょに赴き、ひとつの施設につき一、二時間のインタビュー調査を実施した。

第一次調査票を作成する際、とくに注意したのは「アート」「芸術」などのことばを使わないことであった。なぜなら福祉施設の職員に「うちには関係ない」と思われたくなかったからで、当時はいまのように障害者の作品展が各地で活発に開催されるという状況ではなく、たとえ美術の専門家がすばらしいと思うような「作品」であっても、施設職員には「落書き」とみなされ捨てられてしまうこともあった。作品を発掘することも調査目的のひとつだったので、まずは職員に「ひょっとしてこれも？」と思ってもらえるような表現にしようと、懇話会メンバーや府の職員たちと考えたのである。

そして九月上旬、府内にある身体・知的・精神などすべての障害者関連施設全七六四か所に調査票を郵送した。返送期間は約一〇日間と短かったものの、三八七施設から回答があり（回収率五〇・七%）、そのなかでなんらかのかたちで創作活動をおこなっているのは五八施設（六六・七%）にのぼった（おもな調査結果は73ページ資料2を参照）。

V　訪問調査の段取り

訪問調査の受け入れを打診した施設は一〇二か所あり、第一次調査に協力してくださった施設なので事業の趣旨は理解されているものの、日程調整にはかなりの時間を要した。

理由は、通信手段の基本を郵便にして、補助的にファックスを使っていたからである。すでにＩＴ時代が到来しインターネットの使用が普及していたとはいえ、メールを日常的に使用している福祉施設は当時まだすくなかった。大阪府から提供された施設リストにもメールアドレスの記載はなく、インターネットで個々の施設を調べても問い合わせ先としてメールアドレスが表示される施設は皆無にちかかった。

ちなみに、いまでもわたしは調査受け入れの依頼をする際、ファーストコンタクトは郵便を使っている（なにかの会合でお会いして名刺交換をしたかたには最初からメールを送ることもあるが）。まったく面識のないかたに依頼文書を郵送するときは、相手が通信手段を選べるように返信用封筒を同封するし、こちらの住所、ファックス番号、電話番号、メールアドレスを忘れずに記載している。古い考えだと思われるかもしれないが、最初は郵便のほうがていねいだと思っていただけるのではないかと感じている。

訪問調査はなるべく多くの施設へいこうと考えていたが、依頼文書を一度に郵送することはせず、まず二〇か所ぐらいに送って返送されてきた候補日を整理し、こちらの都合と照らし合わせてスケジュールを更新し、さらにべつの二〇か所に送って……という作業をくり返した。つまり一日に複数の施設を訪問しながら、移動中に訪問調査受入依頼の書面を郵送する作業（封筒の宛名書きなど）をおこなっていたわけである。加えて、後述する設問一八の回答として、ある施設から「訪問すべき」とすすめられた施設があれば、そこについて調べ、第一次調査の回答はなかったものの創作活動に熱心だということがわかればあらたな調査先として打診してみる作業もおこなっていた。

結果として二〇〇九年一〇月中旬から約二か月間かけて訪問したのは、福祉施設四九か所、絵画教室二か所、特別支援学校五校の計五六か所であった。

訪問調査の事前準備として、各施設における創作活動の位置づけはことなっているだろうと予想したので、なるべく同じ質問を投げかけて返ってくる答えをあとで整理できるようにいわゆる「構造化インタビュー」と呼ばれる方法をとり入れ、事前に府職員と話しあって以下の一八項目を質問することに決めた。

【施設の環境や体制について】

1　創作されている利用者は何人いらっしゃいますか？　また、それぞれの障害種別や年齢を差し支えない範囲でお聞かせください。

2　授産活動に創作を組み込んだ理由、あるいはきっかけは何ですか？

3　創作活動にはどういう種類がありますか？

4　創作活動が数種類ある場合、利用者がどのような創作をするか、本人が選んでいますか？　また、興味を示されれば、どのような種類の創作でも自由にしてもらっていますか？

5　創作活動を行う上で、アートサポーターのようなスタッフはいますか？

6　利用者が創作活動を行う際に留意されていることは何ですか？

7　どれぐらいの収入（工賃）を得ていますか？　また、作者本人への還元はどのようにされていますか？（創作活動に限定せず）

8　利用者が創作したくなるような動機づけ、または関心をもってもらう工夫をしていますか？

構造化インタビュー
調査を開始するまえに質問内容を決めておき、調査対象者から回答を集めるインタビューの形式。具体的には一問一答の形式で質疑応答をおこなう。

9　創作することによって利用者に何らかの変化は見られますか？（プラス面・マイナス面の両方を）

10　利用者が創作活動を行うことを施設としてどう捉えていますか？

11　美術や芸術に関して、どういうイメージを抱いておられますか？

12　これまで日常の授産活動以外に展覧会を開いたり、展覧会に出品したことがありますか？

13　これまでに、利用者が創作された作品そのものを販売されたことがありますか？もしあれば、どれぐらいの金額で売れましたか？　また、収益は制作者にどれぐらい還元しましたか？

14　機会があれば、展覧会への出品やアートマーケットで作品の販売をしてみたいですか？

【作品の保存について】

15　保存するにあたって、作品を選ぶ基準は何ですか？　また、どなたが選んでいますか？

16　どういう場所に保存されていますか？

【その他　要望事項など】

17　利用者が創作を行う上で必要だと思われる環境や制度について、お考えをお聞かせください。

18　他に訪問した方がいいと思われる施設があれば、ご紹介ください。

Ⅵ 訪問調査で感じたこと

実際に訪問してみるとこの順番どおりに質問していくのはむずかしかった。わたしの技量不足は否めないが、訪問先で対応してくださったかたの立場や状況に応じて適切な質問を瞬時に判断する必要にせまられたからである。たとえば施設長が直々に対応してくださる施設もあれば、担当スタッフだけの場合、あるいは日中の作業中に利用者も交えてイン

施設利用者の創作活動に関する調査票

事業所（施設）名	
施設区分	
利用定員	
所在市町村名	
記入者名	
電話番号	

1　貴施設の利用者の中に、次のようなものを創作している方がいますか。（複数回答可）

※ 「創作」とは、絵画など作品としてだけではなく、施設での活動の合間などに夢中になって、いたずら書きのようなことをしているものも含みます。（別紙参照）

ア（　）画用紙、キャンバス等に、絵や文字、記号などを描いている
イ（　）ダンボール、カレンダーの裏等に絵や文字、記号などを描いている
ウ（　）その他［具体的に　　　　　　　　　　　　］
エ（　）創作を行っている人はいない　⇒回答をいただく項目は以上です

2　いつ、どこで創作していますか。（複数回答可）

ア（　）授産活動として創作している
イ（　）休憩時間・余暇活動等で創作している
ウ（　）以前は施設で創作していたが、今はしていない
エ（　）在宅で創作している
オ（　）美術教室等で創作している

3　創作された作品は保存していますか。（複数回答可）

ア（　）全て保存している
イ（　）ほとんど保存している
ウ（　）一部保存している
エ（　）一定の期間は保存している
オ（　）作者（利用者）が自宅に持ち帰り保存している
カ（　）保存していない

4　本府の取り組みや、貴施設で創作活動を行うにあたっての課題など、ご意見等あれば自由にお書きください。

※ 差し支えなければ、施設利用者が創作した作品の例を写真に撮影して同封して下さい。（サイズ等は問いませんが、できればカラー写真で、障がい種別・程度をお書き添えいただければ幸いです。なお、いただいた写真は返却いたしませんので、予めご了承ください。）

ご協力ありがとうございました。

資料1　大阪府　第1次調査票

調査結果——第一次調査票の集計から

対象施設：大阪府内の福祉施設 全764カ所、回答387施設（回収率50.7%）

設問1　創作活動をしている利用者は

いる　258（66.7%）　いない 129（33.3%）

※作品の写真を添付して回答を寄せたのは102施設

設問2　創作活動はいつ、どこで（複数回答あり）

授産活動として 78　休憩・余暇活動として 192

今はしていない 12　在宅で 63　美術教室等で 50

設問3　作品の保存は（複数回答あり）

すべて保存　14　ほとんど保存　55

一部保存　113　一定の期間は保存　44

作者が自宅で保存　111　保存していない　25

※設問4については省略

（出所：筆者作成）

資料2　調査結果　第1次調査票の集計から

タビューするという場面もあった。どのようにすれば初対面のかたがたから率直な意見をうかがうことができるのか、試行錯誤をくり返す日々であった。いっぽう、同行していた府職員や学芸員から、それぞれの視点での質問もなされたため、インタビューをふかめることができたと感じている。

二か月間ほぼ毎日調査に出かけていたため、質問したことにたいする回答以外に自分が実際に現場でいだいた印象や雰囲気をすぐにメモするよう心がけた。どんな場所に施設が建てられているのか、施設の周辺環境など、創作活動に直接関係するようなことではなくても、そこを思いだす手がかりはひとつでも多いほうがいいと考えたからである。

訪問調査の際に実感したことは、知的あるいは精神障害の重度のかたが入所されている施設ほど山間部に開設されているということだ。一九六〇年代後半から我が国では、障害者を終生保護することが必要だとの議論がおこり、生活面でのあらゆるケアをおこない、安定した生活がおくれるような総合的施設がもとめられ、実際に全国各地で入所施設の建設があい次いだ。その後、**ノーマライゼーション**の理念にもとづき施設から地域へという福祉政策の転換がはかられるようになり、入所していた障害者をなるべく地域へ帰そうと支援制度が整えられていったものの、わたしが訪問したころはその過渡期だという印象を受けた。

訪問調査は公共交通機関を利用することを基本にしていたため、大阪府内でありながら電車とバスを乗りついで片道二時間半ぐらいかけていった施設もある。施設によって創作活動の内容はさまざまであるが、利用者が楽しめるような工夫がこらされていた。とくに入所施設の場合は集団生活なので一日のスケジュールを管理され、ほとんどが相部屋でプ

ノーマライゼーションの理念
なんらかのハンディを負っていても、なるべくノーマルな生活ができるように環境や制度を整えていく考えかた。一九五〇年代、デンマークの知的障害者の家族会の施設改善運動から生まれ、日本では一九八一年の国際障害者年をきっかけに認知されはじめた。

ライベートな空間もない。また、都心部から離れた場所にあるため外出もままならず、社会との接点はほとんどないのが現状である。調査でおとずれた施設のうち入所施設は一三か所、なんらかのかたちで創作活動にとり組んでいた利用者は重度または最重度といわれる人びとで、創作活動の時間を心待ちにしている人が多かった。

　大阪府南部にある大規模入所施設は地域への移行がかなりすすんでいて、わたしたちがおとずれたときは入所者が半分以下になったとのことだった。のこっているかたのなかには高齢になって認知症を発症しているかたもおられ、ほかの利用者といっしょに日中のプログラムをすごすことがむずかしく、「以前は音楽や美術のプログラムなどに参加していたんですが……」とのこと。いっぽう、地域へ帰ったかたは、施設でおこなわれていたような音楽や美術のプログラムが日常的にあるわけではないのが現状だ。絵を描くことが好きだったかたの場合、施設で暮らしていたからこそ身近に画材があり、「何か描いてみよう」と思われたのかもしれない。いまとなってはご本人の意思を確認する術がないのだが、施設で暮らすことと地域で暮らすことの両方に思いをはせることもあった。

　大阪府北部にある重度精神障害のかたがたが暮らす入所施設は、地域への移行はむずかしいとのことだった。各部屋のみならず廊下の両端にあるドアもすべて施錠されており、職員はみな鍵の束を携帯して施設内を移動しているという状況であった。「ここまでしないと利用者の生活を守れないのか」と非常におどろいた半面、訪問調査をよく受け入れてくれたものだとも記憶している。なぜ訪問したかといえば、その施設のひとりの利用者が毎日、一枚の紙に日記のようなものを書いていて、職員から見るとそれは一枚の絵画のように感じられたため第一次調査票に回答してくださったからである。しかし本人はその紙の束をたいせつに保管しており、大量にたまったものを職員が処分しようとすると怒りだす。わたしたちが訪問した際も、職員が本人の気をそらせたスキに紙の束を部屋からもちだして見せてくださった。作品として評価されるだろうという印象はあったが、本人の気持ちを考えると作品と位置づけて施設の外へもちだすべきではないだろうと感じた。作品と位置づけて芸術的評価を受けられるようにすることは、社会との接点をひとつ設けるという側面もあるのだが、優先されるべきは本人の意思であり、当該事業のむずかしさを感じたのであった。

Ⅶ　想定外の出会い

調査では予想していなかったいくつかの出会いもあった。たとえばアーティストの橋本良平さん[4]。大阪府吹田市にある施設の利用者で、その施設では創作活動をしていなかったために第一次調査票では、把握できていなかった。ところが、先述した「大阪特別支援教育諸学校造形教育研究会」の幹事をしておられた先生に会うために、大阪府内の特別支援学校をおとずれた際、その先生から橋本さんのことをうかがった。先生は橋本さんの作品が好きで保存しておられた作品を見せてくださった。カレンダーの裏、ツルツルした質感のコート紙にフェルトペン一色で描かれた絵は美しく、強く印象づけられた。その後、施設を介して橋本さんとご家族に連絡をとり、描いた絵は自宅に保存されているのかなどをうかがった。幸い保存されていたので、大阪府主催の公募展の情報などを伝えたところ、応募してくださり、入賞するという出来事もあった（写真1）。いまなお橋本さんの作品は公募展以外の展覧会でも好評を博している。

もうひとつの出会いは、大阪府枚方市にあった「塔本美術教室」。ある福祉施設の利用者が仕事のない休日に美術教室へかよっているという話を聞いて、訪問調査でうかがった。教室を主宰していたのは美術家の**塔本賢一**さん。素朴派で知られる**塔本シスコ**さん(5)のご長男である。賢一さんはパートナーのひろこさんと一九七二年に子どもや障害のある人のための美術教室を開設、多いときには約一〇〇人がかよっていたという。一人一人の個性をのばすために、最初は教室に用意している多様な画材にふれて自分の好きな表現を見つけてもらっているなどのお話をうかがい、五三歳から独学で絵を描きはじめたシスコさんのように、それぞれの才能を開花させるサポートに徹するという姿勢に感銘を受けたことがなつかしい。

このように、実際に現場へ出かけてみると思いがけない情報がもたらされ、そこからあたらしい出会いにつながっていくことがたびたびである。文献調査だけではなく、できるだけ多くの現場へ赴いて人と会うことが楽しみとなる所以である。

写真1　大阪府公募展２次審査のようす

Ⅷ　大阪府の実態調査を終えて

施設訪問をしていたときに数回、「この調査を実施したあと、どのような支援制度ができるんですか?」

塔本賢一
一九四三—二〇一七。塔本シスコの長男として熊本市で生まれ、大阪府で逝去。幼いころから絵が好きで、独学で描きつづけ、安井賞などを受賞。

塔本シスコ
一九一三—二〇〇五。熊本県で生まれ、大阪府で逝去。四六歳で夫を事故で亡くして体調不良が続いたが、芸術好きの家族にかこまれていた影響もあり、五三歳から家にある画材で絵を描きはじめた。身近な自然を愛し、あるがままに日常を生きることによって、亡くなるまでの約四〇年間に膨大な数の絵を描きつづけた。

写真2　大阪府公募展でのライブペインティング（2013年3月17日）

という質問をされたことがある。創作活動に熱心で、あたらしい障害者の仕事として芸術表現が位置づけられることを切望している施設だったからであり、「アートを活かした障がい者の就労支援事業」という名称からも大阪府がなんらかの支援制度を設けるのではとの期待をいだかせたことは否めない。質問にたいしては同行していた府職員が誠実に答えてくださったが、調査というものは協力者からデータや情報を収集させていただくだけではなく、双方にとってよかったと思えるような何かをのこさなければいけないと感じた。調査結果の公表あるいは研究成果として分析や考察を加えた論文を発表するだけでなく、調査をきっかけに長くつきあってもらえるような関係性をつくっていきたいとも考えた。たとえばクリスマスのイベントや地域でのバザーの案内を受けとればなるべく出かけていくようにし、調査協力のお礼や大阪府の事業の進捗状況を伝えるなど、継続的なかかわりを心がけた（写真2）。

IX「インクルーシブ・カフェ」のスタート

そのようなかかわりを続けながら博士論文を執筆し、無事に提出したあと、さらに自分にできることは何かを考えて「インクルーシブ・カフェ」を定期的に開催することにした。

インクルーシブ
「包括的な、包みこむ」という意味の英語に由来し、障害の有無などによって学ぶ場や環境を分けないという考えかた。二〇〇六年に採択された国連障害者権利条約では、教育や雇用などあらゆる面でこの考えかたを原則としている。日本では二〇一二年から文部科学省が「インクルーシブ教育」のシステム構築をはかっている。

理由は、大阪府の調査を実施するなかで「施設間の横のつながりがない」「情報交換や意見交換できる場があればいい」との意見も寄せられたからである。当時はまだ創作活動にとり組む施設がすくなく、それぞれが手探りでおこなっていたために出てきた意見で、調査をつうじて多くのかたがたと出会えたからこそできるのではないかと思った。

「カフェ」と名づけたのは、一七世紀のウィーンのカフェやロンドンのコーヒーハウスでは自由闊達な対話のなかから時代を変える思想や学術、芸術、文化が創造されていたことを知り、そういう場になればと考えたからである。また、佐々木先生がよびかけ人となって「クリエイティブ・カフェ」という場を二〇〇六年四月から大阪市内で定期的に設けていたこともある。クリエイティブ・カフェには、市民の立場から大阪市を再び創造都市に転換しようという趣旨に賛同する人びとが集まり、七回の議論を積み重ねて二〇〇七年七月には「大阪創造都市市民会議」も発足させた[6]。

インクルーシブ・カフェは、障害者の芸術表現とソーシャル・インクルージョン（社会的包摂）をテーマに話しあうとともに、多様な人びととの交流の場になればと考えて二〇一三年五月に第一回を開催した（写真3）。会場は大阪市阿倍野区にあるアトリエコーナスで、施設長の白岩高子さんが快く協力してくださり実現できた（次ページ写真4）。最初に白岩さんからコーナスの取り組みについて話をしていただいたあと、コーナスのなかで飲食しながら参加者が自由に交流するというスタイルにした。その後も同様のスタイルで場所を変えながらも大阪市内で一〇回、他府県でも八回開催し、障害者福祉施設のスタッフやデザイナー、行政職員、アートＮＰＯ、芸術系大学の

大阪創造都市市民会議
大阪を真の創造都市に転換することをめざして設立。創造都市について考えるシンポジウムやワークショップの開催、行政との対話の場づくりもおこなった。発起人には平田オリザ（劇作家・演出家）や森村泰昌（美術家）、鷲田清一（哲学者、当時の大阪大学総長）らも名を連ねた。

写真3　コーナスでのインクルーシブ・カフェ（2013年5月）

学生など多様な人びとが参加した（表1）。

表１　インクルーシブ・カフェ開催実績

① 2013 年 5 月 11 日（土） ゲスト：白岩高子（NPO 法人コーナス代表理事／アトリエコーナス施設長）
② 2013 年 6 月 12 日（水） ゲスト：笠谷圭見（PR-y 主宰／ RISSI INC. 取締役副社長）
③ 2013 年 7 月 10 日（水） ゲスト：柊伸江（株式会社ダブディビ・デザイン代表取締役）
④ 2013 年 8 月 21 日（水） ゲスト：山下完和（社会福祉法人やまなみ会 やまなみ工房施設長）
⑤ 2013 年 9 月 11 日（水） ゲスト：山口孝（ギャラリーヤマグチ クンストバウ代表／ ART OSAKA 相談役）
⑥ 2013 年 10 月 16 日（水） ゲスト：林智樹（アトリエインカーブ チーフスタジオマネージャー）
⑦ 2014 年 4 月 16 日（水） ゲスト：服部正（甲南大学文学部准教授）
⑧ 2014 年 5 月 21 日（水） ゲスト：中津川浩章（美術家／みぬま福祉会「工房集」アートディレクター）
⑨ 2014 年 6 月 18 日（水） ゲスト：藏座江美（熊本市現代美術館 学芸員・司書）
⑩ 2014 年 7 月 16 日（水） ゲスト：栗栖良依（SLOW LABEL ディレクター）
⑪ 2014 年 11 月 1 日（土）（写真 5） 会　場：熊本市現代美術館　ホームギャラリー ゲスト：栗栖良依（スローレーベルディレクター）

写真５

写真４　コーナス外観

アトリエコーナス
NPO法人コーナスが運営する知的障害者の生活介護施設。コーナスは一九八一年に発足した障害児の保護者や保育園の職員が中心となってつくった「阿倍野で共に生きよう会」を発展させたもの。一九九三年の設立当時はアパートの一室で下請け作業に従事していたが、改修した町家への移転

⑫ 2014年11月21日（金）（写真6）
会　場：象の鼻テラス
ゲスト：笠谷圭見（PR-y主宰／RISSI INC. 取締役副社長）、栗栖良依（スローレーベルディレクター）

⑬ 2014年11月29日（土）
会　場：高松市美術館 講堂
ゲスト：大西秀人（高松市長）、田野智子（NPO法人ハート・アート・おかやま代表）、清水直人（美術家）、千葉尚実（美術家）、伊丹英徳（作家の父）

⑭ 2014年12月16日（火）
会　場：東北芸術工科大学 本館1階ラウンジ
ゲスト：柴崎由美子（NPO法人エイブル・アート・ジャパン代表理事／エイブルアート・カンパニー東京事務局）、武田和恵（NPO法人エイブル・アート・ジャパン東北事務局プロジェクトスタッフ）、三浦晴子（フォトグラファー）、アイハラケンジ（アートディレクター／東北芸術工科大学准教授）

⑮ 2015年2月13日（金）
会　場：可児市文化創造センター 音楽ロフト
ゲスト：福森 伸（しょうぶ学園施設長／工房しょうぶ主宰）、白岩高子（NPO法人コーナス代表理事／アトリエコーナス施設長）

⑯ 2015年10月10日（土）（写真7）
会　場：岡山県天神山文化プラザ
ゲスト：加藤種男（公益社団法人企業メセナ協議会代表理事専務理事）、田野智子（NPO法人ハートアートリンク代表理事）、樋口龍二（NPO法人まる代表理事、株式会社ふくしごと代表取締役副社長）、松田圭一（NPO法人灯心会スタッフ）

⑰ 2015年12月3日（木）（写真8）
会場：鴨江アートセンター301室
ゲスト：久保田翠（認定NPO法人クリエイティブサポートレッツ理事長）、鈴木康友（浜松市長）、平田オリザ（劇作家・演出家・東京藝術大学特任教授）

⑱ 2018年9月1日（土）
会　場：白壁倶楽部（鳥取県倉吉市）
ゲスト：上田祐嗣（アートセンター画楽代表）

※ 肩書きは開催当時のもの
※ ①～⑩の主催は大阪市立大学都市研究プラザ、開催場所はすべて大阪市内
※ ⑪～⑰の主催は文化庁とNPO法人都市文化創造機構
※ ⑱の主催は鳥取大学地域学部

写真6

写真7

写真8

を機に、二〇〇五年からアート活動をとり入れるようになった。

コーナス所属作家の作品

X「インクルーシブ・カフェ」を実施して

自身の環境の変化などにより開催がむずかしい期間もあったが、なんとか継続して開催することでよろこばしい出来事もあった。とくに二〇一三年度前半は毎月開催したことでネットワークが構築できていったと実感できた。さらに大きな出来事として、（1）福祉施設の「ART OSAKA 2014」への出展、（2）障害者の作品をデザインにいかした洋服の商品化、（3）障害者Nさんの展覧会開催、の三つがあげられる。

（1）は、二〇〇二年から毎年夏にホテルグランヴィア大阪で開催されている「ART OSAKA」というアートフェア（現代美術に特化したフェアとして日本では最大規模で、国内外のギャラリーが参加）に二〇一四年、滋賀県の障害者福祉施設「やまなみ工房」が出展し、障害者の作品を展示した。きっかけは五回目のインクルーシブ・カフェにおいて、ゲストの「ART OSAKA」相談役・山口孝さんとやまなみ工房施設長が出会ったからである。

（2）は、株式会社フェリシモと株式会社ダブディビ・デザインが連携して、障害者の作品をもとに洋服を製作し全国で通信販売することになった。きっかけは、二〇一三年七月に開催した三回目のインクルーシブ・カフェにおいて、ゲストのダブディビ・デザイン代表取締役・柊伸江さんと、大阪の障害者福祉施設の職員が出会ったからである。

（3）は、大阪市にあるアートスペース「亜蛮人」のオーナーと、障害者Nさんの保護者がインクルーシブ・カフェで出会い交流するうちに、Nさんの作品に魅せられたオーナーが展覧会開催を打診。話しあいを重ね、二〇一四年一一月下旬から約二週間、障害者Nさ

やまなみ工房
一九八六年に障害者の働く場（やまなみ共同作業所）として滋賀県甲賀市で活動を開始。現在は本人の希望に応じて六つのグループのいずれかで仕事をしており、アート活動にとり組んでいるメンバーもいる。

株式会社フェリシモ
一九六五年大阪市で創業し、一九九五年神戸市に本社を移転。ファッションや生活雑貨、食品などは広い商品をあつかい、独自メディアをつうじて販売している。経営理念は「しあわせ社会学の確立と実践」で、環境保全・育成や教育機会の創出、復興支援事業などのCSR活動も積極的に実施している。

んの展覧会が亜蛮人で開催されることになった（写真9・10）。Nさんは大学生のときに障害者となり、福祉施設に所属していないため、周囲のサポートを必要としていた。なお展覧会の準備は、インクルーシブ・カフェに参加していた福祉施設のアートサポーターが協力してくれた。

このような出来事以外にも、インクルーシブ・カフェを開催することによってさまざまな情報がもたらされ、研究に役立ったことはいうまでもない。また、障害のあるかたや施設関係者にたいして、調査をする／されるという関係だけでなく多様な接点をつくること

写真 9　亜蛮人での展覧会（2014 年 12 月）

写真 10　亜蛮人での展覧会（2014 年 12 月）

株式会社ダブディビ・デザイン
代表をつとめる柊さんが二〇〇五年秋から、知的障害者の描いた絵をもとにデザインしたグッズを作成し「みっくすさいだー」という名前で活動を開始。それを発展させるかたちで二〇一二年五月に株式会社を設立した。「福祉とビジネスをデザインでつなぐ」というコンセプトのもと、商品開発やコンサルティング、研修事業などを展開している。

アートスペース「亜蛮人」
大阪市浪速区にあるギャラリー。現在はオーナーがかわり、二〇〇七年から二〇一六年までつとめたオーナーは、滋賀県の山間地であたらしいギャラリーを運営している。

ができた。それは、おたがいの理解をふかめるとともに信頼関係を築くことにもなったと感じている。冒頭で述べたとおり、研究テーマである「障害者の芸術表現」をふかめていくにはその背後にあるもの、つまり表現にいたるまでの生活環境や個人史にまでふみこむ必要があるため、「プライベートなことを話してもいい」と相手に思ってもらうことはとても重要である。また、障害者のなかにはことばでのコミュニケーションのむずかしい人もいて、本人の表情やしぐさから意思や感情を想像するしかない場合もある。そんなときにまちがった想像や解釈をしないよう、できるだけ多くお会いしたり、周囲の人（家族や施設職員など）とも話す機会を多くつくったりすることを心がけている。

XI　包摂型創造都市論の深化にむけて

冒頭で述べたとおり、「創造都市」は文化政策と社会政策との融合を志向するなかで登場した概念であり、社会的包摂は重要なテーマとなっている。そのため、多少なりとも包摂型創造都市論の深化に貢献できればと考え、調査研究活動をすすめている。市民一人一人が創造的に働き、暮らし、活動する環境をどのように整備していけばいいのか、福祉施設などをおとずれて現場が直面している課題を見つめ、考えつづけていくことは不可欠である。

さらに、当該分野は海外での先進事例も多いため、海外調査も実施している。ひとつの例として、二〇一二年ロンドン五輪大会の文化プログラムの主軸のひとつであった「アンリミテッド」のシニア・プロデューサー、ジョー・ヴェレントさんや障害のあるアーティ

ジョー・ヴェレント
「〝違い〟とは〝異質〟ではなく〝味わい〟である」という信念のもと、文化芸術分野で多様な活動を展開。「アンリミテッド」は二〇二〇年まで継続が予定されており、ヴェレントは二〇一四年以降、シニア・プロデューサーをつとめている。また、アーティストとしてビデオ作品の制作なども手がける。

ストらに二〇一五年ロンドンへ会いにいってお話をうかがってきた。ロンドンまでいった理由は、日本での二〇二〇年東京五輪の開催決定に際して、その立候補ファイルに「二〇一二年ロンドン大会の『アンリミテッド』プロジェクトの成功を継承する」と明記されたため、我が国でも文化プログラムにおいてなんらかの障害者支援プログラムが展開されると考えたからである。

　また、海外調査を実施するのみならず、先駆者を招いて京都や横浜で国際シンポジウムを開催したこともある。[7]議論を広く公開するという意味だけでなく、海外ゲストと国内の福祉施設関係者が交流することも、わたしなりの恩返しになるのではないかと考えて実施した。

　これまで述べてきたような調査研究や活動を続けているうちに、行政の動きも変化してきた。障害者の芸術表現にかんする政策領域は拡大し、二〇一八年六月一三日には「障害者による文化芸術活動の推進に関する法律」が公布・施行された。文化芸術の創造および享受は国民一人一人の生まれながらの権利であるため、障害者の文化芸術活動をはば広く促進することは国や自治体の責務であると明記されている。同法はさらに基本的施策として、「障害者が文化芸術を鑑賞する機会の拡大」「作品の発表機会を確保するため展覧会の開催や海外発信を支援」「芸術的価値が高い作品の販売支援」「芸術活動を支援する専門人材の育成」などを掲げており、文化庁や厚生労働省が所管する支援事業も増加している。今後しばらくは自治体レベルでもさまざまな支援政策が展開されていくことが予想される。

　このような動向はよろこばしい半面、急激な変化によって何かたいせつなものを置き去りにしているのではないか、先駆者たちが当初めざしていた方向にむかっているのだろうかという懸念も生じる。研究者としての一歩をふみだして約一〇年、自身の研究テーマをとりまく環境がこれほど大きな変化に直面するとは予想していなかったものの、ダイナミックな変化にのみこまれることなく、現場の声に耳をかたむけながら思考していくことを続けたいと考えている。

〈引用・参考文献・ウェブサイト〉

(1) 川井田祥子「包摂型社会の具現化に向けて　障害福祉施設の実践に学ぶ」佐々木雅幸総監修　敷田麻実・川井田祥子・萩原雅也編『創造社会の都市と農村　ＳＤＧｓへの文化政策』水曜社　二〇一九年　287―303ページ

(2) https://www2.osaka-c.ed.jp/shisei-s/　二〇一九年三月二五日閲覧

(3) http://www.pref.osaka.jp/jiritsushien/jiritsushien/art.html　二〇一九年三月二五日閲覧

(4) https://www.capacious.jp/artists/ryohei-hashimoto　二〇一九年三月二五日閲覧

(5) http://www.shisuko.com/　二〇一九年三月二五日閲覧

(6) 佐々木雅幸編著『ＣＡＦＥ　創造都市・大阪への序曲』法律文化社　二〇〇六年

(7) http://www.creativecity-lab.net/2018ccc/list.cgi?in&in1472172632　二〇一九年三月二五日閲覧
http://www.creativecity-lab.net/2018ccc/list.cgi?in&in1477205923　二〇一九年三月二五日閲覧

大阪精神薄弱養護学校造形教育研究会編『子どもたちの讃歌　養護学校での造形教育』松籟社　一九九二年

川井田祥子『障害者の芸術表現　共生的なまちづくりにむけて』水曜社　二〇一三年

佐々木雅幸『創造都市への挑戦　産業と文化の息づく街へ』岩波書店　二〇〇一年

川井田祥子（かわいだ・さちこ）

高校卒業後に専門学校へ進学した後、プログラマー・システムエンジニアとして企業に就職。当時、研究者になるとはまったく想像していなかったが、さまざまな出会いに恵まれて社会人大学院へ入学し現在にいたる。フィールドワークの訓練を受けた経験はないが、ボランティア活動で情報誌の編集にたずさわったことがあり、インタビューのイロハを実地で学んだ。相手の立場に立ってみるも、共感しすぎず問いを生みだすという体験が、いまにつながっているのだろう。

＊　＊　＊

■わたしの研究に衝撃をあたえた一冊『創造都市への挑戦　産業と文化の息づく街へ』

地域拠点としての再生をめざす寺院で働いていたころ、著者の講演会を企画することになり、事前準備のために本書を読んだ。「文化政策と経済政策の融合」「労働の人間化」「生活の芸術化」など、それまで見聞きしたことのない考えかたに出合い、もっとふかく知りたいと思ったことが大学院への入学を志す契機となった。本書は分権的福祉社会や環境保護などについても考察があり、視野を広げて多面的に検討する姿勢の重要性も示している。

佐々木雅幸著
岩波現代文庫
二〇一二年（岩波書店、二〇〇一年）

観光としてのフィールドワーク

――敷田麻実

はじめに

フィールドワークは楽しい。フィールドワークについての説明はこの表現につきる。とかく楽しいのだ。だから人にすすめずにいられない。大学で接する学生や調査の相談にきた人にも、まず現地にいってフィールドワークしませんか、フィールドワークしようがわたしの口癖になっている。

しかしじつは、それがなぜ楽しいか、この原稿を書くまであまり考えたことはなかった。批判を恐れずいえば、はじめての土地に「観光」にいく楽しさと同じである。知らないことを体験して、知識が増え、自分もゆたかになる、それがフィールドワークである。それなら観光と同じではないか。

本書を読む人が大学生なら、入学後しばらくすると、授業で「フィールドワーク」ということばを聞かされるだろう。とくに地理学や社会学、文化人類学などの文系の学部や、都市計画、観光関連の学部、そして最近増えてきた地域〇〇学部などのように、まちづくり系の学びをする学部の教員も好んで使うことばなので頻繁に聞いているはずだ。

フィールドワークは楽しい
フィールドワークが楽しいことを、そのまま書名にした『フィールドワークは楽しい』（岩波書店）という本もある。

観光
観光のイメージは、いままでもやはり「物見遊山」である。しかし近年は、エコツーリズムやカルチャラルツーリズムのように、学びの要素をとり入れた「まじめな」観光も増えている。ちなみにＷＴＯ（World Tourism Organization：世

写真1　フェスティバルを楽しむ人びとと（ドミニカ共和国）

こうした分野は研究対象が地域や社会なので、データを得る場所としてフィールド、現場が重要で、そこで得られるデータ次第で研究成果も決まってくる。だからといって大学の勉強の役に立つから、いい卒業論文が書けるからという理由でフィールドワークをすすめているのではない。フィールドワーク自体におもしろさがあり、大学の教室やゼミで学べないことが学べるからだ。役に立つから観光地に出かけるという人がいないように、フィールドワークも出かけることに意味がある。

　大学で地域や社会のことを学ぶ際によく聞くことばだが、なんとなく納得しているフィールドワークについて、わたしの体験を交えて観光、いやフィールドワークしてみよう（写真1）。

Ⅰ　フィールドワークするフィールドワーカー

　フィールドワークをしている人をフィールドワーカーということが多い。フィールドワーカーということばは、現場にいって活躍する、ある種のたくましさをもったワーカー（活動家）を連想させる。そこには日常から離れた場所、もっといえば、わたしたちにとってまだ見知らぬ場所「秘境」に出かける冒険家の姿がただよう。しかし、だれもがフィ

界観光機関）の定義では、観光とは「地理的に離れた場所に移動してレジャーやビジネスなどの活動を行う一泊以上一年以内に日常生活圏に戻る活動」である。端的にいえば、「日常生活圏以外での消費行動」だと考えられる。

授業
すべての分野でフィールドワークがあるわけではないが、最近は初年次教育や基礎教育としてフィールドワークを使うカリキュラムをよく見かけるので、体験する可能性は高い。

ールドワーカーになれるわけではなく、それなりのチャンスと立場が必要なのだ。

チャンスとは調査や研究をする機会である。研究といってしまうと大げさだが、丹念に調べるとか、わからないことをわかるようにする、あきらかにしようとすることが研究の基本であり、研究者だけが研究をしているわけではない。出かけていって何かを知ろうとする。それがフィールドワークだといっていいだろう。とくに、体験しながら自分なりに調べることが重要になる。

自分なりに調べるとは、独自の調査方法や工夫を試みることだ。そこにフィールドワークの楽しみがある。決められたことを調査する定型の調査よりも、現場で出会うさまざまな出来事や人におどろきながら、自分で工夫してあきらかにしていくことは、工夫次第で発展させられるゲーム性があるのかもしれない。

フィールドワークでは出かけていく先を「現場」や「現地」ということが多い。とくに、フィールドワーカーがそれを「フィールド」という場合には、自分がふだん生活しているところとことなる場所をさす。だからふつうわたしたちは「フィールド（フィールドワーク）に出る」と表現する。

出かけた先で仕事をするのがフィールドワーカーであり、わたしも確実にそのひとりだ。出かける先は研究のための調査や、いわゆる「視察」が多い。前者は目的やめざす成果がはっきりしている場合で、後者は一度とりあえず見にいく、**事前調査**という意味がこめられている。どちらも重要で、目的を絞って成果をあげる調査と、下見もふくめた軽い調査である視察は、くみあわせてこそ意味がある。

事前調査を省略してすぐに調査に入る場合もあり、文献や公開資料、インターネットで

事前調査

事前調査とは、本調査に入るまえの下見や「偵察」である。しかし、ちょっと見にいけばよいというのではなく、本調査の計画や実施のための土地勘やヒントを得るプロセスだと考えたい。『フィールドワーク　書を持って街へ出よう　増訂版』が参考になる。

の資料のチェックなどがすんでいることが多い。最初からフィールドワークの本番になるのは、こちらの関与が相手側に影響をあたえる場合、機会のすくない祭りや行事が現地でおこなわれる場合、かんたんにいくことができない遠隔地の場合などが考えられる。方法の優劣よりも、フィールドワークでの訪問回数や滞在日数がある程度確保されていなければならない。

まずはフィールドワーク経験のいくつかを紹介しながら解説するので、しばらくわたしの「体験ワールド」を観光、いやフィールドワークしてもらいたい。

Ⅱ　フィールドワーカーを名乗る

わたしは自分自身をフィールドワーカーと名乗ったことはないし、自己紹介で「わたしはフィールドワーカーです」といったこともない。これは医者が医療現場で自分を医者だと名乗らないことと同じだと思っている。現場の状況から、わたしが日常生活圏を出てフィールドにきている「よそ者」と相手は自然にわかる。

逆にフィールドワーカーだと名乗ってくる相手や、フィールドワークをしていますという相手に出会うとどこかうさんくさく感じる。この場合はフィールドワークしていることが重要なのではなく、手段だからだ。

そのいっぽうで、フィールドワーク自体が楽しいエンタテインメントであることは事実である。自分自身もそう感じるし、身近にいる家族や学生もわたしが楽しんでいると思っているにちがいない。たとえば、家族との旅行先でおもしろい現象があれば、時間をかまわず根掘り葉掘りインタビューしてしまうことがある。家族にしてみれば楽しい旅行のあいだくらい仕事は忘れて、なのだが、わたしとしては、おもしろさが高じてついついのめりこみ、相手と話しこんでしまうということがおきる。

北海道の増毛町のシードル工場を訪問した時は、ちょっとの工場見学のつもりが家族そっちのけでオーナーと四〇分以上話しこんだ（写真2）。家族にとっては迷惑な話だが、のめりこんでいるわたしにとって四〇分は長い時間ではなかった。ここでのことをふりかえれば、シードル工場がどのようにして運営されているかということや、シードルの生産プロセスは予想以上におもしろく、知らず知らず「夢中」になった。

とくにおどろいたことは、青森では品種改良によってリンゴ（高い品質にかぎる）が均質化しているが、増毛では木や生産農家によって味のちがったリンゴができるということだった。リンゴが均質化していないと集団出荷の面ではマイナスだが、逆にシードルづくりではいろいろな味わいのリンゴ酒をつくる利点になる。実際、産地全体のリンゴの味が「大衆受け」するようにした青森のリンゴはとても甘いが、甘くないリンゴを料理に使いたいと思っているイタリア料理店には敬遠されているそうだ。

オーナーの祖母がこの地でリンゴ農家だったこと、カナダ留学中の体験がもとになっていること、製造設

写真2　増毛フルーツワイナリー（シードル工場）

シードル
リンゴからつくったスパークリングワイン、リンゴ酒のこと。

備のための設備投資に苦労したことなど、一般的なシードル生産の知識にはないことも学べた。この工場の情報は、インターネットでもある程度は知ることができる。しかし、現地で当事者から聞ける情報は断片的ではなく、情報がむすびついた「知識」である。一連の流れや「物語」を体験することができる。

一連とはストーリー性のある知識で、再使用ができる知識である。知っているだけの知識は頭のなかに貯蔵しているだけで、呼びだすことはできても、それをもとに何かをすることはむずかしい。たとえば、鎌倉時代がはじまったのは一一八五年だと多くの人が知っている。学校で歴史を学ぶときにおぼえるからだ。しかし「生きた知識」ではないから鎌倉幕府のなりたちや経過、幕府開設の動きの特徴などを語ることはできない。

フィールドワークは、生きた知識を得る機会で、そのための作法を学ぶ必要がある。いや、作法を知っているほうが楽しい。

Ⅲ　フィールドワークと記録

ただ見にいくだけの視察や遊びとしての観光とフィールドワークは意外とかんたんに見わけられる。フィールドワークは、フィールドで見聞きしたことを克明に記録する必要性が高いが、視察や観光ではその必要性は低い。逆に記録がないフィールドワークは聞いたことがない。フィールドからもどって、記録をもとに何かをすることが前提となっているからだ。

どのようにして記録すればいいのか。一般的には「メモをとる」ことだ。つまり、書き

情報がむすびついた「知識」
こうした場面で得られるのは「知識」であって情報ではない。情報が断片であるのにたいして、知識は情報が複数むすびつけられて意味をもっている状態をさす。知識そのものについては、知識科学分野で議論されているように（たとえば野中〔二〇〇〇〕などを参照）、情報やデータではなく体系化された情報で、行動や判断の基準としてもちいられるものをさす。

一一八五年
「一一八五年」は源頼朝が後白河法皇から守護と地頭の設置を認められ、実質的に政権を掌握した年を鎌倉時代の開始とするみかたである。以前の教科書では「一一九二年」の源頼朝が征夷大将軍に任命された年を採用していた。

とめればいい。そんなことだれでもできるじゃないかと思えるが、かんたんではない。日常生活で人と雑談するときを思いだしてほしい。相手がメモをとりながら話を聞いていては会話もはずまないし「記録されている」とわかれば用心してしまう。

　メモのとりかたは人によってさまざまである。相手との会話や見聞きしたことをおぼえておいてあとでメモするという強者や、どうせメモは追いつかないから録音や録画をしてしまえばいいという「技術で解決」する者までさまざまである。録画はハードルが高いように思われるが、現代ではスマホで手軽に動画を撮ることができる。

　ところが、動画で記録すればいい、それですべて解決というわけにはいかない。どう撮るか、何を強調するかは撮影者にまかされるから、記録は一様ではない。撮る人の視点が重要だ。スマホをむければたしかに撮れるが、何をどう撮るかは撮影者の判断である。ときには撮ることに夢中になり、実物や現実を見る暇がなくなることもある。中国・四川省の「パンダ保護区」の調査では、大勢の観光客がパンダを見るよりスマホで記録するのに熱心だったことにおどろいた。パンダのような愛くるしい動物を自分の目で見ることをやめて、夢中でスマホをかまえる（写真3）。せっかくパンダが目のまえにいるのに、である。わたしはパンダそっちのけでパンダを撮影している観光客の撮影に一生懸命だから、どっちもどっちである。

　記録をとることは、口でいうほどかんたんではない。

写真3　パンダの動画を撮る観光客（中国・四川省成都）

生きた知識
生きた知識については、知識の活用だけではなく、知識を創造するために使うこともできる知識だと今井（二〇一六）が述べている。

観光
この場合の観光とは、従来からある物見遊山としての観光で、楽しみを目的として、自分のまちから出かけることをさす。

動画を撮る
「スマホで撮ればいい」とかんたんにいえるようになったのは、ごく最近である。ずっと以前からスマホを使っているように思うが、二〇〇七年にアップルが製品化するまで存在していなかった。日本での発売は翌年だが、おどろくべきことにここ一〇年で七〇％以上の日本人が使う「日常用具」になった。

まず何を記録するかを考えるべきだという意見がある。その点は文化人類学で使われる「エスノグラフィー」の技法が参考になる。エスノグラフィーとは、抽象化された印象派の絵画でも写実主義の克明な記録のどちらでもない、読む人が実際に見たと感ずる記録であると金井《かない》（二〇一〇）が述べている。記録はドキュメンタリー映画や実録ドラマのように、読み手が臨場感を感じられれば理想的である。

　自分が読めればいいし、事実だけを記録すればいいから読み手を意識する必要はないという意見もあるが、それには賛同しかねる。フィールドワーカーはフィールドで出会う人や事物にある種の負担を強いるから、そこで見聞きした知識を何かに生かす必要がある。表現することを意識して記録することがフィールドワークである。

　またフィールドワーカーは、観光客と同じ面ももつ。「非日常空間」を訪問する観光客は、見るもの聞くもののすべてがめずらしく何事にも興味をもって接する。フィールドでの記録は観光なら「旅行記」である。日常であれば見聞きしたものを記録する必要性は低いが、非日常を見聞きしているからこそ、フィールドワーカーは記録する必要にせまられている。

Ⅳ　フィールドでの質問

　観察や記録と同じくフィールドでの質問は重要である。観察だけでつくられた記録は多いが、相手にはたらきかけて答えを得る質問はフィールドワークの基本である。質問中心のフィールドワークは、「聞き取り（調査）」と呼ばれることも多い。フィールドで出会う

エスノグラフィー
エスノグラフィーについては『フィールドワーカーズ・ハンドブック』（世界思想社）や『エスノグラフィー入門〈現場〉を質的研究する』（春秋社）が参考になる。

金井
金井寿宏《としひろ》は『組織エスノグラフィー』（有斐閣）で、エスノグラフィーの書き手としての上達には、すぐれたエスノグラフィーを読むことが重要であると述べている。

読み手を意識する
「日記」は日常を記録しているが、主観的に記述しているので別物である。読者も書いた本人に限定される。むしろ「日誌」のような性質であればフィールドワーカーの記録にちかい。

旅行記
おすすめは『イザベラ・バ

相手にさまざまなことを尋ねて、その答えを記録する。

観察ではフィールドでおきている事実を記録するが、相手から聞くことも重要である。こちらが知らないことを知ることができる。聞かないとわからないことは多い。聞いてみると「なんだ、そんなかんたんなことか」とがっかりすることもあるが、**気づき**はフィールドワーカー側だけにおこるわけではない。答える側も、聞かれることでいろいろ気づく。その気づきをこちらが記録することで、見えていなかったものが見えてくる。

質問で大事なことは、相手に事実を聞く「**事実質問**」である（和田・中田、二〇一〇）。「事実ではないこと、創作を聞くなんてありえない」と反論されるかもしれない。しかし、質問で相手の思いや主張を聞いてしまい、実際の事実を誤って認識することは多い。たとえば、職場で「きょうの会議どうだった」と尋ねる場面をよく目にする。「大丈夫」という答えが相手から返ってくるのが常だ。何が大丈夫なのかわからない。どうだったと聞かれれば何か答えなければならないので、とりあえず答えたというだけのことになる。これでは会議のようすはわからない。会議でだれが発言したのか、何が決まったのか、時間はのびたのか、などを尋ねなければ会議の内容を知ることはできない。

医者は「なぜ腹が痛いのだ」と患者に聞くことはない。いつから痛くなったとか、何を食べたとかを聞く。病気になった理由を考えるのは医者の仕事で、それを患者に聞く医者はいない。医者は原因を考えるために事実を聞いている。

宿題ができない子どもに「なんでできないの！」としかる親は多い。理由を聞いても子どもは答えられない。理由がわかっているならできるはずだ。また感情的になって回答したり、質問者に迎合して本音ではないことも答えたりする。相手に理由を聞いても得られ

ードの日本紀行』（上・下 講談社）である。また宮本常一『イザベラ・バードの旅「日本奥地紀行」を読む』（講談社）もおもしろい。

質問
質問方法についての解説書は多い。たとえば、池上彰『知の越境法「質問力」を磨く』（光文社）などがある。

気づき
気づきを記録することですべてがわかるという意味ではない。相手が気づいてくれることをきっかけとして、当事者でも整理できていないことが整理できるということである。

事実質問
事実質問とは、和田・中田（二〇一〇）が述べるように、「なぜ」「どうして」ではなく、事実を聞くことである。「これはなんですか」

ることはすくない。フィールドワークでは第三者として、考えるための根拠となる事実を質問したい。そこから事実の積み重ねからおきていることの一般化や、ある種の規則性を見つけることができる。事実を知るための質問をフィールドワークでは大事にしたい。

V フィールドワーク自分史

わたしの経験したフィールドワークを紹介する。最初の「フィールド」体験は、大学の探検部時代だった。現在は探検部といってもなかなかニュアンスが伝わらないが、かんたんにいえば、見知らぬ場所や地域について調べることを目的にした学生たちの集まりである（写真4）。

わたしが学生であった一九八〇年ごろ、母校の地方大学では探検部の学生が部室に集まると「海外遠征」を語りあっていた。当時の日本は、海外渡航こそ自由になっていたが、大学生が自由に海外にいく時代ではなく、地球上に「未踏の地（と信じられている場所）」もすくなからずのこっていた。探検部の学生たちは、人がまだ体験していない世界にいくことを競っていた。それが探検の本質である。そのなかでわたしはマグロ漁船の乗船を選んだ。わたしの試みたフィールドワークのなかでも印象ぶかく、記憶にのこっている。学生生活とはことなる世界を体験する機会だった。

写真4　探検部時代の鍾乳洞調査

「あの人はだれですか」のように事実だけを聞く質問をくり返すことで、必要な情報を得ていく手法である。相手の感想や意見を聞くのではなく、探偵のように、事実から連想し、そこから推理を紡いでいく質問方法である。

医者
医者と患者の会話で考えるとわかりやすいことは、和田・中田（二〇一〇）に解説されている。

一般化
ここでの「一般化」とは、科学研究でよくいわれる、多くの事象の共通点を見つけることや、法則などでそれをあらわすことである。

探検の本質
非常に高いリスクがともなえば冒険になる。冒険については、すこし古いが、本多勝一「「冒険」こそ冒険的である」（『冒険と日本

写真５　乗船した 79 トンのマグロ漁船

昭和56年1月23日（金曜日）

赤道越えて3カ月

敷田麻実君（高知大1年）が挑戦

大学生、マグロ船に乗る

遠洋漁業を自分の体で

出港前夜

写真６　高知新聞連載記事の１回目

大学生マグロ漁船に乗る

青森県大間のマグロ一本釣りは評価が高いが、マグロ漁船と聞けば荒っぽい世界である。何も好き好んでマグロ漁船でフィールドワークをと思うかもしれないが、学部時代に水産学を専攻していたわたしにとってマグロ漁船への乗船の選択は自然であった。二〇歳のわたしは、漁業の現場のフィールドワークより漁船員を体験することに価値を見いだしていた。

一九八〇年の夏、高知県の室戸市からパプアニューギニアの近海に出漁する近海マグロ漁船に乗った（写真５）。乗船した漁船「第七玉宝丸」は七九トンの小さな船で、乗組員一五名の「せまい世界」だった。しかし地元の漁船員には、大学生が見習いとして乗船する理由はわかってもらえなかった。仕事は想像以上にきつく、漁労には不慣れで先輩漁船員から怒鳴られっぱなしだった。キャンパスで気楽に暮らしていた大学生にとって、名前も「大学」としか呼んでもらえない船上生活は自分で「志願」した乗船でも過酷でつらかった。

人』（実業之日本社）所収）が参考になる。

中卒や高卒の漁船員たちのなかで、大学生だったわたしはほんとうに苦労した。当時の日記には「くそ、くそ」とばかり書きちらしてある。

フィールドワークの記録として船の中では「**野帳**」に日記をつけていた。最初から「**マグロ漁船乗船体験記**」を書くつもりで、そのためのフィールドワークだと自分では思っていた。機会は意外にはやくおとずれ、下船してまもなく高知新聞に連載記事を書くことになった（写真6）。

いざ執筆するという段階で、感情にまかせて「くそ、くそ」と書いてある記録は、なんの役にも立たなかった。必要な事実が書かれていない。だれが何をしたのか、そのとき何がおきていたのか、それが書けないようでは、主観的な想いの発露でしかない。原稿用紙は埋められない。自分の感情を書いてもよいが、それは状況を読者にわかってもらってこそ説明になる。感情でまいあがってしまうと記録にはならないということをそのときに学んだ。記録はフィールドでおきたことを具体的に書きとめることが望ましい。

マグロ漁船でのフィールドワークは、漁業現場を体験しながら観察した。現場に参加して観察する方法を「**参与観察**」という。自分自身がフィールドで生活し、現実におきていることに立ちあっているという点で、たんなる観察ではない。

漁船に乗りこんだフィールドワークは三か月間におよんだ（次ページ写真7）。一年以上の**長期間のフィールドワーク**をする分野もあるが、一般的な修士論文や博士論文の研究では短期間でフィールドをおとずれることが多い。短期間滞在するフィールドワーカーは「よそ者性」が強く、対象フィールドで「生活者」になることはない。しかし、長期間のフィールドワークでは地域住民として生活者になる。つまりよそ者から内なる者への移行

野帳
「野帳」とは現場でメモができるように表紙が厚手につくられたメモ帳である。フィールドノートともいう。現在でも緑色の表紙の野帳が販売され、登山者や測量士のメモにもちいられている。

マグロ漁船乗船体験記
設定はまったくことなるが、同じ乗船体験ということでは、北杜夫『どくとるマンボウ航海記』（中央公論社）に触発された。

参与観察
参与観察とは、フィールドワーカーが調査する地域や社会、組織に参加して観察する調査方法である。

長期間のフィールドワーク
長期間のフィールドワークは、性愛学のように生物を長期間観察する場合や、地域研究、文化人類学の分野でよく見られる。

をもとめられる。

フィールドでの滞在時間が長くなるにつれ、立場や役割も変わる。滞在が短期間のフィールドワーカーは、地域を調査や研究対象とみて第三者としてかかわる。生活をしていないので当事者にはなれない。「**調査・研究対象モード**」で地域とかかわる。滞在が長期間のフィールドワークは、生活をともにすることになり地域での生産活動や、**地域の維持のための管理活動**に参加し、地域社会とのかかわりがふかまる「**レジデント型研究**」といえなくもない。それはフィールドに住みこんで、地域社会や組織の一員として認められながら、観察や調査もする当事者性の高いフィールドワークである。

乗組員が一五人しかいないマグロ漁船で、自分も漁船員をしながらのフィールドワークは大変だった。航海中はいいが漁労作業がはじまると、平気で一日二〇時間も働くので記録どころではなくなる。とじた社会の人間関係は大学生の想像をはるかにこえており、自分のことで精一杯になり調査する余裕もなかった。下船後に報告書が書けた理由は「観察者の意識」を最低限維持できていたからだ。乗組員がすくなくすべてに余裕のないマグロ漁船の漁船員たちにとっては、仕事のできないフィールドワーカーの参加は迷惑だった。

フィールドの関係者と仲良くなりすぎる「**オーバーラポール**」も生じた。不慣れな仕事で苦労しているわたしを助けてくれる漁船員はいるもので、その人とは仲良くなる。特定の人間と仲良くなるとなかなか聞けないことまで聞けるメリットもあるが、フィールドで

写真7　マグロ船の漁師になる（グアム島アガナ港）

調査・研究対象モード
敷田・森重（二〇〇六）は、地域の環境政策に関与する専門家のモードについてくわしく分析し、専門家を
・出前（ビジター）モード
・調査・研究対象モード
・一体同化モード
・解決力向上モード
に区分した。

地域の維持のための管理活動
地域の維持のための管理活動とは、地域社会に必要な社会的サービスの提供だと考えられる。水管理、共同作業、町内会活動を例にあげることができる。

レジデント型研究
研究者が対象地域に一定期間定住して研究する「レジデント型研究」は佐藤（二〇〇九）や菊地（二〇〇五）によって提唱されている。

図１　ドミニカ共和国の位置

写真８　コロンブスが上陸した地（ドミニカ共和国）

の人間関係に影響をあたえてしまう。自分自身にもフィールドにたいして思い入れや仲間意識が生ずる。利害関係にまきこまれ、自分が関係者間の板挟みになることもある。よそ者だからこそ効果的なフィールドワークができることに留意したい。

カリブ海の島ドミニカ共和国

国際協力事業団（ＪＩＣＡ）の事業でおこなわれている「官民協力による豊かな観光地域づくりプロジェクト」では、援助対象国であるドミニカ共和国を二〇一二年から三度訪問した。短期の専門家派遣であるため、一回の滞在は二週間程度と短いフィールドワークである（写真８）。

ドミニカ共和国はカリブ海にあるイスパニョーラ島に位置し、島の西側の貧困国として知られているハイチと国境を接する国である。人口は約一〇〇〇万人、国土面積は四八・四四二平方キロメートルである（図１）。同国の主要産業はコーヒー・砂糖・カカオなどを生産する農業とニッケル鉱業、自由貿易地域における繊維産業、そして観光産業である。同国のひとりあ

一日二〇時間
この労働時間の長さや労働条件のきびしさは一九八〇年代はじめの現実であり、いまのマグロ漁船の労働実態とはことなる。

オーバーラポール
『組織と経営について知るための実践フィールドワーク入門』で指摘されている、調査対象とちかづき過度の親しみをもつ状態になることをさす。

官民協力による豊かな観光地域づくりプロジェクト
海外からの資本進出によって、リゾート中心の観光開発をおこなってきたドミニカ共和国で、地域住民が観光からの利益を得られる観光開発推進のために、ＪＩＣＡが二〇〇九年から、同国のプエルトプラタ県の九つの市をモデルとして、観光省と職業訓練庁が連携してすすめてきた、参加型の持続可能な観光開発プロジ

写真9　メレンゲ演奏による空港での歓迎（ドミニカ共和国）

図2　プエルトプラタ県の位置

たりの国民総所得は約六三九〇ドル（二〇一六年）であり、世界銀行の所得階層分類では高中所得国である。二〇〇〇年代には一〇％にたっする高い経済成長率を実現し、二〇一六年現在も六・六％の成長率である。ただし、失業率は一五％と高く（二〇〇九年）、国民の所得格差も大きい。

　ドミニカ共和国は、カリブ海特有の温暖な気候をもとめる年間約五〇〇万人のインバウンド観光客を受け入れている。同国の経済のなかで観光産業の比率は高く、観光収入は四三・五億ドル、観光産業での雇用数は一九・七万人、外貨獲得額では全体の三〇・一％になる。

　最初の訪問は二〇一二年の三月、日本から二日かけて訪問したドミニカ共和国は、カリブ海の風がさわやかな熱帯の国だった。わたしたちが住む日本と単純に比較すれば、貧しい「途上国」なので、ゆたかな国である日本と開発途上のドミニカ共和国という見かたをしてしまいがちだが、そう単純ではない。

　フィールドワーク先のプエルトプラタ県は、ドミニカ共和国の北部にある人口約三一万人の地方都市であ

エクトである。

ドミニカ共和国
ドミニカ共和国はよく「ドミニカ国」と混同されるが、両国はまったくべつの国である。

インバウンド観光客
一般には、海外から来訪する国際観光客をさす。日本では二〇一九年に三〇〇〇万人をこえてなお増加が続いている。

観光産業の比率
ＣＴＯ（Caribbean Tourism Organization）およびドミニカ共和国中央銀行が発表する観光関連統計による。

写真10　ゲームに興ずる男性たち（ドミニカ共和国）

る（図2）。空港では土地の音楽「メレンゲ」の演奏の歓迎を受けた（写真9）。はじめての訪問なのでまちを案内してもらう。まちを歩いた最初のおどろきは「人がぶらぶらしている」ことである。先進国の日本では、地方の地域関係者から「まちに人がいない」「通りを人が歩いていない」という悩みをくり返し聞かされる。しかし、ドミニカ共和国のまちでは人がたくさん歩いている。いや、まちなみのいたるところに、所在なげにうろうろしている男や女がいる。カフェや飲み屋の店先に、タバコを吸いながらぼんやり立つ男女、声高に何かをまくしたてている商人ふうの男たちがめだつ。それは日本の地方のまちが失った光景だ。ゆたかになるとまちから人が消えるとは、グリム童話の「ハーメルンの笛吹き男」の話のようだ。経済成長で国がゆたかになること自体が悪いわけではない。しかし、どこかに矛盾がある。

まちかどでゲームに興ずる人たちはおもしろい（写真10）。広場では、ふたりの男が熱心にゲーム板にむかいあう横で、べつの男が盤面を見つめていた。男たちは喧噪にかこまれている。熱帯特有の日射しをさえぎる木陰で、優雅にゲームを楽しんでいる三人のかたわらに、立ちどまる。ゲームのルールはわからないが、対戦中のふたりの真剣さは伝わってくる。男たちはこの場所でいつもゲームに興じているのだろうか。周囲の雑踏やさわがしさは気にならないのだろうか。見ている男はだれなのか。きょうは仕事が休みなのか。

聞きたいことはいくらでもある。ゲームに熱中している男たちに話しかけることはできないが、考えを自由にめぐらす。

　わたしはその先を考える。男たちの仕事や家族などを知りたいと思う。いつからここにきているのか。毎日きているのか。現地で紹介してもらった家にいってインタビューすることもすぐれた調査方法だが、このようなまちなかでゲームに興ずる男たちから話が聞けたら、もっとリアルな日常がわかるだろう。

　その場で「なぜゲームをしているのか」と聞いてはいけない。日常のなにげない行動の理由を聞かれて答えられる人はまれだ。聞くべきことは「このゲーム板の色は美しいが、だれのものか」であり、「いつ買ったのか」「どこで買ったのか」という事実について質問する。前述した事実質問である。

写真11　バナナ農園の労働者（ドミニカ共和国）

　街頭でのインタビューを、「サンプリング方法にかなっていない」「平均的なドミニカ人ではない」と否定することはたやすいが、フィールドワークでは現場の観察が重要だ。地域に興味をもつことで、人びとの営みや行動について、場面を選ばずに生活のなかから「生きた情報」を得たい。フィールドワークは人にたいする興味がないとつまらない。おもしろいと思ったら、みずからの創意と工夫で接近することがフィールドワーカーにはもとめられる。

　二度目の訪問は二〇一六年だった。海外からのツア

写真12　山積みになったバナナ出荷用の段ボール（ドミニカ共和国）

写真13　バナナの洗浄をするハイチからの移民労働者（ドミニカ共和国）

ーの受け入れ可能性を調査するために、地方都市バルベルデ郊外のバナナ農園をたずねた（写真11）。ドミニカ共和国における**バナナ生産**はほかの大産地にはとうていおよばないが、バナナはドミニカ人の日常に欠かせない食品で身近な農産物である。バナナの輸出はのびており、有望な農業生産品となっている。

山々にかこまれ、バナナ栽培に適した乾燥した土地に農園が立地し、生産量は順調にのびている。訪問したバナナ農園では有機バナナを栽培していた。ベルギーから移住してきた農園主のトーマスはバナナ栽培の専門家で、有機栽培用の肥料から製造している。バナナのおもな出荷先はＥＵ（八〇％）、アメリカ（一〇％）で、出荷先ごとにことなるパッケージングをした段ボール箱が整然と並ぶ（写真12）。途上国から先進国にバナナが送られる構図は、残念ながら有機栽培バナナでも変わらない。

農園の労働者は約二五〇〇人いる。デスクワークなどの内勤はドミニカ人が担い、現場での農作業や選別作業は、隣国ハイチからの出稼ぎ労働者が担当していた（写真13）。農園の労働力は不足しているが、ドミ

バナナ生産
世界のバナナ生産ではインドが三〇〇〇万トン、ついで中国が一〇〇〇万トンを生産する生産大国である。バナナ生産は熱帯に位置する途上国でもっぱらおこなわれ、先進国に輸出されている。この点ではコーヒーやカカオと変わらない。バナナ生産にまつわる著作としては『バナナのグローバル・ヒストリー　いかにしてユナイテッド・フルーツは世界を席巻したか』（ミネルヴァ書房）や『バナナが高かったころ　聞き書き　高度経済成長期の食とくらし2』（新泉社）があげられる。

ニカ人を募集しても集まらない。ドミニカ共和国の人びとは肉体労働ではない仕事を望み、農作業のような**3K仕事**にはつきたくないという。すこしでも楽にかせげる仕事を選択する。先進国と途上国間の格差だけでなく、途上国同士でも「格差」がおきている。日本のような先進国にいては「見えない」関係だ。先進国と途上国間の南北問題しか想像できない。

フィールドでの体験は、訪問まえに想像していたこととはことなる。途上国支援の仕事でいったドミニカ共和国は貧しい国と思いこんでいた。しかし経済的な差はあるが、まちをゆく人は生き生きしており、人が歩いていない日本の地方のまちより活気がある。訪問まえの想像と目のまえの現実との差がフィールドワークでの「発見」である。

事前に学んだ知識との差を見つけたときは、おかしいと否定したり無視したりせず、逆によろこばなければならない。テキストや資料は、著者が見た場面を切りとっているだけのことが多く、どこでもつうじる「事象」ではない。いままでの調査結果や報告と、目のまえの事実の差異に出会ったときこそ、フィールドワーカーが考えるチャンスとなる。現場で考える意味がそこにある。

日本でもおなじみの「**観光地域づくり**」がドミニカ共和国の援助事業の目的である。日本との条件のちがいはあるが、地域資源を観光に活用して収入を得たり、仕事をつくりだしたりという目標は、日本の観光地域づくりと共通している。そのプロセスを「資源化」というが、地域にあるものを効果的に使う試みはきわめて当然である。すっかり定着した「**エコツーリズム**」は、このしくみの応用である。いままで「ただ」同然で提供されてきた美しい景観や貴重な生態系を資源だと認識することで、あらたな価値を生みだしている

3K仕事
「きつい」「きたない」という労働環境の悪さと「危険」をともなう、一般に人がつきたくない仕事のこと。英語ではDirty, Dangerous, Demandingと3Dになる。

観光地域づくり
観光地域づくりは「観光まちづくり」といわれることも多い。内容は同じで、現在は後者のほうが多く使われる。実際には、観光事業や活動による地域再生や、地域経済の活性化である。

エコツーリズム
「エコツーリズム」は、「自然環境を保全し、また配慮しながら観光で楽しみ、その一方で観光地の地域社会や経済に良い影響を与えるという目的を持つ観光」である（敷田ほか 二〇一一）。なお、国際エコツーリズム協会（The International Ecotourism Society）は、エコツアーを「自

写真 14　美しいカリブ海を楽しむ観光客（ドミニカ共和国）

写真 15　近江町市場で写真をとる外国人旅行者（石川県金沢市）

（写真14）。

しかし、資源化したあとで生みだされる商品やサービスを使う権利をだれがもつかつねに問題になる。資源化に努力した者が自由に使うのがいちばんよいと思えるが、地域コミュニティが利用していた自然環境や景観などを、観光客に勝手に使われると軋轢がおこる。いままで使っていた地域関係者の利用が制限を受けたり、ひどい場合にはしめだされたりする。観光による利用は「無害」だと信じられてきたが実態はちがう。

然環境を保全し、地元住民の福利の向上と教育や解説につながる、自然地域での責任ある旅行」だと説明している。

観光客でにぎわう金沢の市場

石川県金沢市にある全国的に有名な「近江町市場」（写真15）は、金沢市民にとって身近な買いものの場所だった。しかし、北陸新幹線の金沢開業によって多くの人が観光におとずれ、過度に「観光資源化」された結果、海鮮丼の店に長い列ができ、近江町市場は、市民が買いものにいく身近な場所ではなくなった。日常生活の場が、観光客に占有されることへの不満が生じた。観光は経済的利益をもたらすが、観光によって住民が迷惑を受けることも多く、日常生活を制約され

近江町市場

近江町市場は江戸時代の魚市場からはじまり、現在は魚をはじめ、そのほかの食材や食品を販売する小売店舗の集まった金沢にある商業施設である。以前から観光地だったが、北陸新幹線の金沢開業によって、より多くの観光客がおとずれるようになった。

ないかぎりという限度がある。金沢市民のなかには「限度」をこえたと思う人たちが現れてきた。

住民によるこうした不満を新聞記事やインターネットで目にすると、多くの人が「外国人が群がる」店先でちいさくなっている金沢の住民の姿を想像するがほんとうだろうか。たしかめるには、近江町における観光の影響調査などの「客観的な」レポートを読めばよい。金沢の住民が近江町市場で何を感じているか、どのようにふるまっているかを調べなければ問題はあきらかにならない。またフィールドについての先行研究や調査を読みこんでも、現場の事実にはおよばない。百聞は一見にしかず、である。

近江町市場で出会う数人の市民にインタビューして、「近江町市場が観光客に独占されている」「いやそうではない」と判断することは早計である。質問にたいして過度に反応しただけ、または相手が極端な表現をしたのかもしれない。

現地での実感をフィールドの事実として報告することは**危険である**。フィールドで見聞きしたことは、フィールドワーカーが観察した範囲のことである。フィールドで得るデータには意味がない、信頼性が低いといっているのではなく、かぎられたフィールド情報にたよらず、さまざまな情報をもちいて判断したほうがよい。特定の情報にたよって思考した結果、視野がせばまり答えを誤ることは多い。

フィールドである近江町市場で、市民にインタビューし「大勢の観光客が近江町市場にくることをどう思うか」と問えば、「こまる」と回答する市民が多いことが予想できる。**過剰な観光**に批判的なメディア報道を聞いた相手が、疑問をもたずに質問に同調したり、期待される答えを回答者が予想したりしてフィールドワーカーに「サービス」する可能性

危険である
ただし、長年の経験と判断力がある専門家の「直感」まで否定しているのではない。あくまでフィールドワーカーが、自分の専門知識や経験を過信せずに客観的に調査する場合のアドバイスである。

過剰な観光
観光客が特定の観光地に集

もある。対策は事実を問う質問をすることだ。聞くことは、「きょうは近江町市場で何を買いましたか」「店員と会話しましたか」「だれときましたか」である（写真16）。フィールドで相手の感情について聞いてもよいが、状況や立場の影響を受けていると考えるべきだ。少数の意見が地域全体の意向だと誤解することはさけたい。

　フィールドワークでよく問題になるのは、統計データがすくないことである。観光の影響を分析するためには観光客数の調査が必要である。自治体などが集計している「官公庁統計」があればよいが、観光地の客数の統計をさがすことはむずかしい。マーケティング調査する必要がないかぎりだれも統計はとらない。近江町市場の各店舗の売上高は必要がないかぎり公開していない。市場にだれがどれだけこようが客は客であり、区別する必要はない。高価な魚介類を買う観光客のほうが店にとっては市民よりも歓迎すべき相手だ。

写真16　内外の観光客に人気がある近江町市場（石川県金沢市）

　満足できる統計がない状況で、どうすれば観光客の実態を調べられるだろうか。そのヒントは、シカゴ大学につとめていたノーベル物理学者であるエンリコ＝フェルミの名前に由来する「フェルミ推定」や「フェルミ問題」と呼ばれる方法である。彼は学生に「シカゴにピアノ調律師は何人いるか」と問いかけた。それはだれも調べていない、調査もしにくい数量を複数のデータを手がかりにして推定する方法である。何にでも応用可能ではないが、十分なデータが得られないフ

中的におとずれ、観光活動が地域社会に悪影響をおよぼす過剰な観光は、二〇一七年ごろから「オーバーツーリズム」と呼ばれるようになった。日本では「観光公害」と呼ばれることもある。もっとも観光から悪影響が生ずることはそれ以前から指摘されていたが、グローバル化によって多数の観光客が一度に地域をおとずれることでそれが加速した。

フェルミ推定
フェルミ推定は、就職試験などで論理的思考ができるかを試す問題としても使われることがある。

ィールドで使える効果的なアプローチである。ほかのデータから推論すればよいというわけではなく、仮定が複雑になりすぎると当然のことながら答えはあやしくなる。

Ⅵ　木《き》樵《こり》とチェーンソー

まだ経験があさいフィールドワーカーは、どこから何に手をつければいいのか途方に暮れ、どこにいけばよいのか見当もつかないという状況に陥ることも多い。とくに、フィールドでインタビューをする機会を得たが、何から聞けばよいかとまどうことは多いだろう。実際のインタビュー場面を紹介しながら、フィールドでの調査を疑似体験してもらいたい。

調査をさせていただいたのは新潟県村上市荒川口に住む小田定彦さんである。小田さんは木樵が仕事である。木樵と聞くと子どものころに読んだイソップ童話『金の斧と銀の斧』を思いだすが、現在も「林業従事者」と呼ばれる木樵、杣人《そまびと》は存在する。現代の木樵は斧一丁をもってひとりで山に入りはしないが、たくましい男性のイメージがつきまとう。それが木樵という職業である（写真17）。

実際のインタビューの記録を紹介し、フィールドでの調査のすすめかたについて考えてみたい。相手とのやりとりは、その場にいないとわかりにくいところも

写真 17　小田定彦さんとノコギリ（新潟県村上市荒川口）

仮定が複雑
前提が多重でこみいっている推論では、ある前提がくずれると全体がくずれる総くずれになりかねない。そこで「説明はかんたんな方が良い」（津田　二〇一二）ということになる。

インタビュー
インタビューと書いたが、場合によっては「ヒアリング」や「聞き取り調査」と呼ぶこともある。

小田定彦さん
小田定彦さんご本人へのインタビューは、二〇一三年三月二四日に新潟県村上市荒川口のご自宅でおこなった。

あるが、できるだけインタビュー時の雰囲気がのこるようにした。

敷田：とくにどこからというわけじゃないですが、せっかくなので、順番にお願いします。思いだしていただくこともけっこうあると思うので参考に年表をもってきました。これは小田さんが生まれた年から、年齢と、その年におきた事件などの社会的な出来事が書いてある年表なので、年がわからなくなったときにご覧になってください。

お生まれになったのは昭和六年、一九三一年ですね。

小田：そう。

敷田：ご兄弟はいらっしゃいましたか。

小田：兄弟が八人おる。

敷田：そのなかで林業、山のお仕事をされたかたっていらっしゃいますか。

小田：いるいる。おれ、下が女で、その下がいまも現役で、やっぱり材木切ったりしてやってる。

敷田：学校出て最初に山仕事につくときは、だれかからお誘いがあったんですか。

小田：いや、べつに、てっとりばやく金になればと思った。

敷田：それは最初からお給料がもらえる仕事だったんですか。

小田：そうそう。

敷田：最初はどういう仕事からはじめられたんですか。

小田：やっぱり、木をひっぱり出すあたりからだね、切るのは二、三年もたってからだね。
敷田：この荒川口の集落のお家ではみなさん山をもっていますか。
小田：そうだ、山持ちではない家族もみんな山で働いている。
敷田：山をもってる人の割合はこの集落で何割くらいですか。
小田：半分くらいはもってるんじゃないかね。多いすくないはあるんでもね。うちなんかは一〇〇町歩もある。
敷田：一〇〇町歩。それを一軒の家で世話されてるのですか。
小田：そうそう。いまは二〇町歩くらいはすくなく、八〇町歩くらいあることはあるけど。

これがフィールドでのインタビューの冒頭部分である。自己紹介や調査目的の説明は省いているが、正式なインタビューでは目的やインタビューする者の氏名、時間の長さなど相手が理解できるように説明し、了解を得る必要がある。フィールドワーカーがみずからの身分を明かさずに一方的に相手に尋ねてばかりではこまる。

最初から事実質問をしているが、あまり事実ばかりを問いつづけると、警察官の職務質問のように問いただしてしまうことになるので注意が必要だ。インタビューする相手に安心してもらうことがまず重要である。このインタビューでは相手の生年などを聞いているが、プライベート情報はできれば最後に確認するくらいにしたい。

小田さんが木樵になってからの労働の話からは、給与をはじめとした労働条件や、家族

一〇〇町歩
一町歩は約一ヘクタールの広さを表す。つまり一〇〇メートル×一〇〇メートルであり、一〇〇町歩はその一〇〇倍。

と長期間離れて出稼ぎにいっていたことがわかる。

小田：最初に出稼ぎしたときは、ここでは日当五〇円かそんな時じゃないだろうか。

敷田：当時は出稼ぎのかせぎのほうがよかったのですか。

小田：（ここでのかせぎが）悪かったから、やっぱり出る気になっていったわけだよね。

敷田：この時（出稼ぎに出はじめたころ）はまだ仕事をはじめてすぐですが、その働き口というのは具体的にどんな仕事だったんですか。

小田：やっぱり木を切ったり出したりするのをやるけど、最初は人に教えてもらってやるわけだね。

敷田：その教えてくれる人って、どんな人ですか。

小田：いっしょに働いている上役というか、そういう人だ。

敷田：いっしょに働いている人は何人ぐらいいたんですか。

小田：その当時は二〇人もいたかな。

敷田：そうすると、出稼ぎ先では二〇人が山にいって仕事してもどるというのを毎日のようにくり返すということですね。

小田：お正月とかお盆みたいな時に家に帰ってきたりもするけどね。

敷田：ふだんは、たとえば毎週帰ってきたりはしないわけですね。

小田：そうだ。でも、昭和三五（一九六〇）年くらいあたりかな、やっぱり自分もわがままになってきたのか、出稼ぎに出たくなくなってきたんだね。

敷田：出稼ぎにいく時は人のツテですか。

小田：監督みたいな人がまとめて「おいこっちいくからいかないか」というような調子で。仕事をおぼえていれば、その人が誘ってくるわけだね。

小田さんのインタビューからわかることは、荒川口地区の人たちが長期間にわたって他県の林業現場に出稼ぎにいっていたことで、一九六〇年ごろから出稼ぎをしなくなったという就労状況の変化である。つぎに、あたらしい林業技術が村に入ってきた時のことをうかがう。

敷田：資料によればこの当時ですよね。チェーンソーと出会ったのは（写真18）。

小田：そうそう。昭和三五（一九六〇）年あたりだね。

敷田：チェーンソーを使いはじめたのは仲間うちでははやい時期ですね。

小田：この辺にはまだなかった。ドイツのスチール社製エンジンのやつなんで、でっかくて。出稼ぎ先で知って、そんなのを買って使いはじめた。

敷田：チェーンソーはそれまでにご存じでしたか。

小田：知ってたけど、見たのははじめてだからね。

小田：その当時はみんな手ノコで切ったので、あぶないよね、あれ。

写真18　使用していたチェーンソーと従来のノコギリ（新潟県村上市荒川口）

資料
この資料とは、二〇一二年に新潟県農林水産部林政課が発行した『林業仕事人』（桑原・渡部）という冊子である。

敷田：そういうときにチェーンソーはすごく役に立ったわけですか。
小田：チェーンソーは下からも切られるし、仕事がはやいから、裂けないでバンと切れるわけなんですね。
敷田：チェーンソーがあっても昔からのノコギリでやってる人もいらっしゃったでしょう。
小田：その当時も、みんな手で切ったんだね。チェーンソーはあるっていうことはわかっていたかもしれない。でもね、みんな手で仕事したもんだ。
敷田：チェーンソーを使いはじめたときは、まわりの反対はなかったですか。たとえばむかしからの道具のほうがいいよ、とか。
小田：いう人もあったね。
敷田：それはどういうかたですか。やっぱりお年寄りのかたですか。
小田：そうだね。あんまり機械になれない人だということか、年寄りでね。
敷田：チェーンソーでやったほうが、はるかにたくさん切れますね。
小田：切れる。

このやり取りからは、荒川口の林業現場にあたらしい技術（チェーンソー）が入った状況がわかる。小田さんがチェーンソーになじみ、出稼ぎ先であたらしい技術にふれることができた。チェーンソー導入に批判的な人も村にはいた。あたらしい技術は生産性向上をもたらすが、興味をもつ者と否定的な者に分かれる。

今回のインタビューでの反省点は、小田さんの話がおもしろいので、インタビューしているわたしが小田さんの発言を補足してしまっていることだ。たとえば「それはどういうかたですか。やっぱりお年寄りのかたですか」と誘導するような問いかけをしている。インタビューするフィールドワーカーにそういわれた相手は、相手が期待していることを察知して回答してしまいがちである。

小田さんのインタビューでは許可を得て会話を録音していたため克明に再現することができた。録音されているとインタビュー相手もいいたいことがいえないと感じるかもしれない。話を聞きながら要点をメモすることで十分なことも多いため録音には固執しないほうがよい。ただし録音しておけば自分のインタビューの癖や問題点がわかる。つぎのインタビューの際にそれを生かすことができれば、フィールドワーカーとしてのスキルの改善に役立つ。録画した自分の学会発表を見てプレゼンテーションスタイルを改善できることと同じである。

インタビュー調査では、時間の制約や回答しにくい内容があり、すべてを聞きだせない。そのため事前に相手の情報やいままでの調査記録などにひととおり目をとおしておくことをおすすめする。事前の調査や資料調査ではわからなかった点や理解できなかったことを確認すれば、相手の話が前後したり整然としていなかったりしても、自分で補足して理解できる。逆にインタビューのまえに先入観をもちすぎて、決めつけてしまうことはさけたい。過去の調査や資料がすべて正しいとはかぎらないので、批判的に読むことは必要である。

Ⅶ　フィールドと化した観光地アムステルダム

わたしがフィールドワークに熱心で、各地をくわしく調査して歩いているように思われるかもしれない。ときどきは対象地域に興味や関心がわかないこともある。しかし、フィールドにいってみてはじめておもしろさが理解できたり、関心が高まったりすることも多い。実際に学校に入学しないと校風が理解できないように、フィールドを体験しないと興味はわかない。百聞は一見にしかず。まずフィールドに出てみるという選択はまちがっていない。

二〇一三年の六月から一か月間、仕事でオランダのアムステルダムに滞在することになった。アムステルダムにある大学と当時つとめていた大学が、教員の相互派遣を実施していた。最初からわたしが志願していたわけではなく、派遣予定の教員が出産のためにいけなくなったので交替してくれとつぜんいわれて派遣されることになった。

わたしはそれまでヨーロッパにはいったことがなかった。特段の理由はなかったが、世界史が苦手で、歴史があるヨーロッパにはなんとなく気後れしていた。むしろオーストラリアのように、歴史が二〇〇年そこそこのあたらしい国にひかれていた。それにくらべてオランダは「遠い国」だった。歴史の教科書にでてくる鎖国時代の交易先としてのオランダを知っている程度だった。長崎県佐世保市にある観光施設「ハウステンボス」はオランダを模しているが、たずねた時もオランダの実感はなかった。

オランダ行きが決まってから、あわててオランダの社会について調べはじめた。幸いオランダ関係の本はそれほど多くなく、三〇冊程度を買い集めて読み、すっかり「オランダ

写真19　運河が流れるアムステルダムのまち（オランダ・アムステルダム）

写真20　自転車専用レーン（オランダ・アムステルダム）

通」になった気分でいた。

　本を読みあさっているうちに、オランダ人の友人がいたことを思いだした。三〇年まえに知り合って、自宅に泊まりにきたこともある同じ年の男性だった。ところが彼の祖国に興味をもつことなく、彼が育った環境も背負ってきた文化も知らず、あまりにもわたしはオランダについて無知であった。自宅にまで招いた相手のバックグラウンドに興味をもたなかったことを恥じた。

　オランダに到着した初日から、わたしはアムステルダムを丹念に歩きまわった（写真19）。訪問先の大学の教授からすこし休んでから出勤せよといわれ、観光客のようにまちを歩いた。優雅な、と批判されそうだが、歩きまわったおかげで研究分野であった観光の現状がわかってきた。はじめての土地であらたな体験をしているので、それだけでも十分に楽しい。自転車専用道路と知らずに歩いていて、おどろくほどのスピードで走ってくる自転車にひかれそうになったり（写真20）、市場での買いものでは地域の食材を知ることができた（写真21）。目的をもったフィールド調査では

観光客のようにまちを歩いた
当時わたしは「北海道大学観光学高等研究センター」という組織に所属しており、観光を研究していたので、あながち「遊び」だともいえない。

写真21　自然食品を売る店（オランダ・ハーグ）

写真22　静けさのなかの運河（オランダ・アムステルダム）

写真23　運河に沿って浮かぶハウスボート（オランダ・アムステルダム）

得られない体験ができた。

研究者は効率よく調査して論文を書けばよいが、それだけではつまらない。思わぬ出来事に出会うことも多い。たとえば、アムステルダムを毎日歩きまわったおかげで、アムステルダムの公娼地域は観光対象地区以外にも市内に複数あることや、スリに財布をとられそうになって治安の状況がわかるという具合だ。

世界文化遺産に登録されているアムステルダムの中心は一六五の運河にかこまれている（写真22）。運河のなかにまちがつくられたという表現が似合う。一六世紀からつづく運河建設の結果、アムステルダムはすっかり水と親和したまちになった。港に近い大きな運河では荷物を運ぶ船が往来する。市街地を流れる運河はおもに

公娼地域

アムステルダムでは「レッドライト地区」として有名である。その名前のとおり、赤い電灯が目をひく。たとえばロンリープラネットのような旅行ガイドでは、くわしく事実を解説している。また夜間の治安は悪いが、昼間は大勢の観光客が「見学」におとずれる。

写真24　運河観光を楽しむ観光客（オランダ・アムステルダム）

写真25　富山運河でガイドツアーを楽しむ観光客（富山県富山市）

住居と観光用に使われている。住居というのは大げさな表現ではなく「ハウスボート」と呼ばれる運河に浮かべた建物に人が住んでいる（前ページ写真23）。アムステルダム市内には、およそ二五〇〇軒のハウスボートが浮かぶ。

運河を観光に利用するのは、運河クルーズ船や運河タクシーと呼ばれる舟艇である。往き来する舟艇のほとんどは、一見して観光客とわかるカメラをもった男女やパーティー客がさわいでいる。世界文化遺産の運河や建物を背に船の上でパーティーを楽しめるのだからいうことはないだろう（写真24）。

水と人の暮らしがちかいというのはすばらしい。親水空間と呼ばれる日常生活と密着した水辺は、暮らしのなかの水辺である。水辺の魅力をひきたてる「人のかかわり」が重要である。

日本でも島根県松江市や富山県富山市、北海道小樽市で、まちと一体になった水路や産業遺産である運河を見ることができる。現代では「水との接近」を生かした観光資源として多く観光客をひきつけ、運河や水路は立派な観光資源となっている。松江市ではガイドがついた小舟で松江城周辺の堀川を遊覧することができる。富山市でも船を使った運河ガイドツアーが楽しめる（写真25）。まち歩きもよいが、まちを水辺からながめると視点が低くなり、発見が多い。ほかに新潟県新潟市や滋賀県近江八幡市など観光資源として活用されている運河や水路は多い。

水路の維持には努力が必要である。水路は夏場に水が滞留するとにおうし、水底にはヘドロがたまる。運河が舟運などで活用されていた時はよかったが、自動車の普及で移動や輸送経路が運河から道路に変わると、お世話になったことをすっかり忘れ、水路は厄介者にされていった。価値が認められなければ、無駄な存在として埋め立てられるのが常である。生活や産業で使われなくなると水路のヘドロの排出は住民が担う。保全する努力があって**水路は維持できる**。

観光資源としての価値が高いアムステルダムの運河も、かつて埋め立てる計画があった。一九五四年に交通渋滞を回避するための埋立て計画を市役所が提示している。この時には市民から反対意見が出て計画は頓挫した。運河や水路が観光資源となって地域の魅力を説明できたアムステルダムでは、経済的利益も期待できたので**維持する理由**があった。一時の損益判断で地域資源の存続を決定する「危うさ」についての貴重な教訓が、アムステルダムの運河の現代史から得られる。

ある地域でのフィールドワークも、ほかの地域と比較や対照することで、充実する。水路や運河で共通点があるアムステルダムと松江や小樽の比較がよい例だ。比較するには多様なフィールドをおとずれ経験を豊富にすることをすすめる。フィールドで目のまえの事実に興味をもちながら、フィールドに完全にほれこんでしまわず、第三者として客観的に

水路は維持できる
福岡県柳川市の水路もかつてはヘドロがたまり、埋立てと暗渠化がすすめられるところであった。しかし柳川市職員で担当者だった広《ひろ》松伝《まつつたえ》氏の活動で維持された。

維持する理由
もっとも近年ではアムステルダムは人気の観光地となり、二〇一七年には八〇〇万人以上の観光客がおとずれ、前述した「観光公害」が問題になっている。

分析する姿勢を維持する。各地のフィールドでの経験がゆたかになり、先入観や過去の記憶に気をとられて目のまえの事実を「つまりそういうことだ」とかんたんに決めつけることは危険である。目のまえのフィールドのリアリティを重視しながら、経験や知識と対話することが重要だ。

Ⅷ　よそ者としてのフィールドワーカー論

アムステルダムの事例では、目的をもたずにまち歩きする「観光」もたいせつだと述べたが、（物見遊山の）観光とフィールドワークはちがう。記録をとらず楽しむことが目的の観光と記録を重視するフィールドワークは、方法において当事者の意識の点でも差がある。フィールドワーカーと観光客は訪問先、フィールド、組織にとってともに「よそ者」である。自分の生活圏からフィールドに出かけ自由な立場で体験や観察する点では、フィールドワーカーも観光客も同じである。観光とフィールドワークをいっしょにすると批判されるが、観光を物見遊山であると低く見て、調査や研究を意義があるものとして評価するのは一方的な見かたである。観光にたいするイメージの悪さ、仕事の合間の遊びというイメージも影響している。

現在の観光は多様化し、地域にある資源を消費して帰ってしまう享楽的な観光だけではない。地域の課題を学ぶスタディツアーや自然環境の重要性を知るエコツアーもまた観光として認識されている。ボランティアツアーのように、目的地で生産的な活動に従事するスタイルの観光まで現れてきた。観光は遊びと切り捨てるのではなく、あたらしいスタイ

ボランティアツアー
ボランティアツアーとは「自由時間における、さまざまな動機に基づいた、生活圏外においての、社会の諸問題の解決や援助などに貢献する自己実現性ある労働を目的とする観光」である（中村ほか　二〇〇八）。

ルの観光はフィールドワークにちかづいてきている。

よそ者としてのフィールドワーカーだが、よそ者とはなんだろうか。よそ者とは「遠くにいる知らないだれか」ではなく、よそからきて自分の目のまえにいる人である。ある地域や組織に外部から入ってくる存在が「よそ者」と認識されている。ただし、また出ていってしまう可能性ももっている。つまりよそ者とは「地域や組織に一時的に帰属しながら、その内部にいる住民などの関係者とはことなる文化をもち、内部のシステムにしたがいながらも離脱や逸脱をする可能性をもつ存在」である。

社会学でもよそ者はよく研究されてきた。アウトサイダーであるよそ者を否定的に見る姿勢を批判し、よそ者の逸脱を評価するものが多い。よそ者の常識外れの行動が、内部の者が正しいと思いこんでいたことが誤りであると自覚させることにもつながる。山口（一九七四）はこのようなよそ者を「トリックスター」と呼んでいるが、意味があると信じられている行為を道化が滑稽に演ずることで「意味性」をぬきとり、本質をむきだしにする役割をもつ。よそ者は、いたずら者やペテン師と呼ばれることもあり、創造者でありながら破壊者にもなる「矛盾した存在」である。「無縁」の研究で有名な歴史学者の網野善彦は、よそ者が帰属しないことによる自由さをもつとしている。

日常使われる「よそ者」は批判的意味をこめて使用される。しかし現代のまちづくりでは「よそ者、ばか者、若者」のように、もっぱら肯定的な意味でよそ者を使う。とくに人口減少や少子高齢化で衰退した地域では、地域再生への期待から再びよそ者が注目されている。よそ者の役割に着目したわたしは、まちづくりにかんするよそ者の貢献や社会的役割を考察し「よそ者効果」として整理した。

よそ者
道化やトリックスターとしてよそ者を論じたすぐれた研究や、学校現場でのいじめなどの社会問題をよそ者や排除の概念をもちいて考察した研究は多い。たとえば、赤坂憲雄による『異人論序説』、『排除の現象学』（ともに筑摩書房）および『境界の発生』（講談社）をあげることができる。

トリックスター
道化が主人公になった作品の例としてセルバンテスの『ドン・キホーテ』がある。こうしたトリックスターの例は近代にかぎらず、ギリシャ神話にすでに見いだすことができる（ラディンほか　一九七四）。また、文学作品にかんしてのよそ者については、高橋が『道化の文学　ルネサンスの栄光』でとりあげている。高橋は英語の「fool」の意味をもつ道化に注目し、「多義的」な道化の存在を指摘しさて長々とよそ者について言及してきたが、フィールドワーカーはフィールドのなかでのよそ者であり、地域や組織とは異質な存在だからこそ見えてくることを利用できる立場である。無理にフィールドや対象組織に同化する必要はなく、逆に距離をとる必要もない。相互に関係しあうなかで、さまざまな気づきが生まれることがフィールドワークの効果である。「相互に」と述べたが地域や組織にとっても、フィールドワーカーは気づきをもたらす存在である。トリックスターを見ることは、みずからが常識と思いこんでいたことが誤りだという気づきをフィールドワーカーにもたらしてくれるはずだ。

Ⅸ　知識創造活動としてのフィールドワーク

よそ者としてのフィールドワーカーが、フィールドで充実した時間をすごすための工夫についてふれる。フィールドで徒弟制のように学んだというフィールドワーカーは多い。フィールドワークの技法は「**暗黙知**」を多くふくんでいるからである。テキストだけではすべてを学べないが、フィールドワークのスタイルや技法について書かれた本は数多く、フィールドにのぞむ態度からスキルまでくわしく説明している（こうしたフィールドワークの「指南書」は本文末にまとめて掲載した）。テキストから学べる「**形式知**」の部分もフィールドワークには多い。

フィールドワーカーにもとめられる現場での経験はたいせつだが、体験から学ぶ「直感」だけをたよりにすることは、フィールドワーカーとしての専門性の否定である。医療分野では専門家の**経験主義**（Experience Based Medicine）や**主張主義**（Opinion Based

---

た。そして道化は社会的な寛容のなかで存在できると主張している。

無縁
歴史学者の網野善彦が掲示した概念である（網野　一九九六）。無縁とは、法制度をはじめとする社会のしくみから切り離された暮らしをする人びとのこと。網野は「自由な存在」として肯定していたが、現代社会ではそれが「無縁社会」のように否定的な意味で使われることが多くなった（中森　二〇一七）。

批判的意味
典型的な例として、支配者の行為を理想化するために、自分より劣る他者（よそ者）をつくりだしてきた植民地の事例を本橋（二〇〇五）が紹介している。そこでは、すぐれた支配者と劣ったよそ者という関係が設定されている。

Medicine）が批判されており、フィールドワークでも同様である。

重要なことはフィールドでくり返しおきている事象を観察し一般化することである。べつべつのことのように思われるフィールドでのできごとから共通点を見つけ、なんらかのルールを見つけだす思考プロセスは「帰納的アプローチ」と呼ばれている。フィールドでの複数の事例から法則性や規則性を推論する科学的なアプローチで、そこにフィールドワークが社会科学研究で方法論として採用されている理由がある。定量的なデータがとりにくい、社会事象は一度きりのものが多いなどの批判はあるが、それだけを理由にフィールドワークが非科学的だとはいえない。

フィールドワーカーにもとめられるものは、フィールドワークから法則性や規則性をあきらかにする**知識創造**である。フィールドで知りえたことからこれまで説明できなかったことが説明できたり、ものごとのしくみや法則性が解明できたり、現象の意味を説明することをフィールドワークはめざしている。フィールドワークとは「あたらしい知識の創造プロセス」である。フィールドワークで記録を必要とする理由は、正確に出来事を記録するためではない。あらたな発見という知識を創出するためである。

フィールドワーカーが地域に長期間漫然と滞在するだけで、研究や実践のプロセスがすすむとは思えない。記録と意味を考える試みがくり返されなければならないだろう。フィールドで地域や組織にどこまで肉薄できるかが試されることになる。かかわりが大きくなりすぎたときには自分の見ているものが自分によって影響された結果ではないかとつねに疑ってかかることが重要だろう。真の姿を見ることはできないが、かぎりなく肉薄するのがフィールドワーカーだ。

よそ者、ばか者、若者

だれがいいだしたのかは明確ではないが、地域再生の現場では、この三者がそろうことが成功の鍵になるという主張である。とくに根拠があるわけではなく、主張する人たちの経験から生みだされた考えかたであり、既存の権威やしくみにとらわれずに自由にふるまうこの三者が地域でいわば「イノベーション」を興していくということである。

よそ者効果

敷田（二〇〇九）が整理した「よそ者効果」とは、①「地域の再発見効果」、②「地域の誇りの涵養効果」、③「（地域にない知識や技能をもちこむ）知識移転効果」、④「地域の変容を促進する効果」、⑤「地域としがらみのない立場からの解決案の提案」である。

暗黙知・形式知

「形式知」や「暗黙知」に

フィールドワークされる側の対象地域や組織にとって、よそ者の参加による知識創造は重要である。よそ者がもたらす知識創造プロセスは、地域だけでは実現できない発見や解明を生む。よそ者として第三者の視点をもつフィールドワーカーの利点だ。

フィールドワーク現場の事実から、帰納的にあたらしい知見を生みだす研究には価値がある。フィールドワーカーがもつ知と、対象地域や組織にある知が融合してあらたな知を生みだす。フィールドにおける「知識の共創」はさらにダイナミックである。すぐに実現できるとは思わないが、フィールドで知識を得るだけではなく、フィールドの関係者とともに知識をつくる側にまわる意識はフィールドワーカーにとって重要である。

自分のフィールド体験もおりまぜて、フィールドワークのおもしろさや技法を解説してきた。たいせつなことはフィールドにいくことである。研究室の机と椅子での研究にはフィールドで感ずる風や土の匂いや躍動はない。研究室のドアのむこうには体験の海が待っているはずである。ボン・ボヤージュ。いい旅を。

〈参考文献・ウェブサイト〉

赤坂憲雄『異人論序説』筑摩書房　一九九二年
赤坂憲雄『排除の現象学』筑摩書房　一九九五年
赤坂憲雄編『境界の発生』講談社　二〇〇二年
赤津晴子『アメリカの医学教育　そのシステムとメカニズム　ピッツバーグ大学医学部教員日記』日本評論社　二〇〇八年
網野善彦『増補　無縁・公界・楽』平凡社　一九九六年
池上彰『知の越境法　「質問力」を磨く』光文社　二〇一八年
今井むつみ『学びとは何か　〈探究人〉になるために』岩波書店　二〇一六年
小田博志『エスノグラフィー入門　〈現場〉を質的研究する』春秋社　二〇一〇年

ついては、野中・竹内（一九九六）など、知識科学分野の整理がある。文章や言語などによって表されるのは「形式知」であり、知恵やノウハウなどの個人がもつ知識は「暗黙知」だとしていた。

経験主義・主張主義
現在の医療は医師の経験ではなく、過去の症例や治療例から得られた科学的な根拠がある治療法を基本的に採用するEBM（Evidence Based Medicine）を基本としている。それにたいして、医師の経験や思いこみをもとに治療を試みることを批判したことばである（赤津　二〇〇八）。

帰納的アプローチ
帰納的アプローチ、つまり「帰納法」とは個別事例から一般化を試みる推論であり、その逆が、一般化したこと（仮説でもある）から個別の事象を導出する「演

金井壽宏「組織エスノグラフィーへの招待」『組織エスノグラフィー』有斐閣　二〇一〇年
菊地直樹「方法としてのレジデント型研究」『質的心理学研究』14　二〇一五年　75—88ページ
北杜夫『どくとるマンボウ航海記』中央公論社　一九六〇年
桑原知子・渡部吉則「林業仕事人 INTERVIEW FILE04 小田定彦」『林業仕事人』二〇一二年　41—51ページ
佐藤郁哉『組織と経営について知るための実践フィールドワーク入門』有斐閣　二〇〇二年
佐藤郁哉『フィールドワーク　書を持って街へ出よう　増訂版』新曜社　二〇〇六年
佐藤哲「知識から知慧へ　土着的知識と科学的知識をつなぐレジデント型研究機関」『環境倫理学』鬼頭秀一・福永真弓編　東京大学出版会　二〇〇九年　211—226ページ
真田信治ほか『フィールドワークは楽しい』岩波書店編集部編　岩波書店　二〇〇四年
敷田麻実・森重昌之「地域環境政策に専門家はどうかかわるか　地域自律型マネジメントとその実現を支援する専門家のかかわり」『環境経済・政策学会年報第11号「環境経済・政策研究の動向と展望」』二〇〇六年　194—209ページ
敷田麻実「よそ者と地域づくりにおけるその役割にかんする研究」『国際広報メディア・観光ジャーナル』9　二〇〇九年　79—100ページ
敷田麻実ほか『地域資源を守っていかすエコツーリズム　人と自然の共生システム』敷田麻実・森重昌之編　講談社　二〇一一年
高橋康也『道化の文学　ルネサンスの栄光』中央公論新社　一九七七年
チャップマン、ピーター『バナナのグローバル・ヒストリー　いかにしてユナイテッド・フルーツは世界を席巻したか』小澤卓也・立川ジェームズ訳　ミネルヴァ書房　二〇一八年
津田敏秀『医学と仮説　原因と結果の科学を考える』岩波書店　二〇一一年
中村憲司・松本秀人・敷田麻実「『労働』と観光が融合したボランティアツーリズムに関する研究」『第23回日本観光研究学会全国大会論文集』二〇〇八年　425—428ページ
中森弘樹『失踪の社会学　親密性と責任をめぐる試論』慶應義塾大学出版会　二〇一七年　360ページ
野中郁次郎「第2章　知識創造企業」『ナレッジ・マネジメント』ハーバード・ビジネス・レビュー編集部訳　ダイヤモンド社　二〇〇〇年　38—68ページ
野中郁次郎・竹内弘高『知識創造企業』梅本勝博訳　東洋経済新報社　一九九六年
バード、イザベラ『イザベラ・バードの日本紀行』上・下　時岡敬子訳　講談社　二〇〇八年
林あかねほか『バナナが高かったころ　聞き書き　高度経済成長期の食とくらし2』赤嶺淳編　新泉社　二〇一三年

繹法」である。

批判

こうした現象の分析は、伝染病の発生などで原因を特定していく場合が参考になる。津田（二〇一一）が指摘しているような「疫学的な分析手法」は重要である。

知識創造

知識創造とは野中・竹内（一九九六）らが提唱してきた「ナレッジマネジメント」、知識を創出することに価値を見いだす考えかたである。

フィールドワーク現場の事実

こうした知は「土着の知」と呼ばれ、ポランニー（二〇〇二）や野中（二〇〇〇）がその重要性を指摘してきた。

ポランニー、マイケル『暗黙知の次元』佐藤敬三訳　紀伊國屋書店　二〇〇三年
本多勝一『冒険と日本人』実業之日本社　一九七二年
宮本常一『イザベラ・バードの旅「日本奥地紀行」を読む』講談社　二〇一四年
本橋哲也『ポストコロニアリズム』岩波書店　二〇〇五年
山口昌男「今日のトリックスター論」『トリックスター』ラディン、ポール、カール・ケレーニイ、カール・グスタフ・ユング　皆河宗一・高橋英夫・河合隼雄訳　晶文社　一九七四年　279—305ページ
山本真鳥ほか『フィールドワーカーズ・ハンドブック』鏡味治也ほか編　世界思想社　二〇一一年
ラディン、ポール、カール・ケレーニイ、カール・グスタフ・ユング『トリックスター』皆河宗一・高橋英夫・河合隼雄訳　晶文社　一九七四年
和田信明・中田豊一『途上国の人々との話し方　国際協力メタファシリテーションの手法』みずのわ出版　二〇一〇年
「政府開発援助（ＯＤＡ）国別データ集２０１７」〈https://www.mofa.go.jp/mofaj/gaiko/oda/files/000367699.pdf#page=242〉二〇一九年一二月三日閲覧

＊フィールドワークの指南書（発行年の古いものから順に掲載）

エマーソン、ロバート、レイチェル・フレッツ、リンダ・ショウ『方法としてのフィールドノート　現地取材から物語作成まで』佐藤郁哉・好井裕明・山田富秋訳　新曜社　一九九八年
ヴァン＝マーネン、ジョン『フィールドワークの物語』森川渉訳　現代書館　一九九九年
箕浦康子ほか『フィールドワークの技法と実際　マイクロ・エスノグラフィー入門』ミネルヴァ書房　一九九九年
佐藤郁哉『フィールドワークの技法　問いを育てる、仮説をきたえる』新曜社　二〇〇二年
佐藤郁哉『組織と経営について知るための実践フィールドワーク入門』有斐閣　二〇〇二年
真田信治ほか『フィールドワークは楽しい』岩波書店編集部編　岩波書店　二〇〇四年
宮内洋『体験と経験のフィールドワーク』北大路書房　二〇〇五年
井上真ほか『躍動するフィールドワーク　研究と実践をつなぐ』井上真編　世界思想社　二〇〇六年
大塚善樹ほか『科学技術実践のフィールドワーク　ハイブリッドのデザイン』上野直樹・土橋臣吾編　せりか書房　二〇〇六年
武田丈ほか『アクション別フィールドワーク入門』武田丈・亀井伸孝編　世界思想社　二〇〇八年
小國和子ほか『支援のフィールドワーク　開発と福祉の現場から』世界思想社　二〇一一年
澤田雅浩ほか『災害フィールドワーク論』木村周平・杉戸信彦・柄谷友香編　古今書院　二〇一四年

床呂郁哉ほか『人はなぜフィールドに行くのか　フィールドワークへの誘い』床呂郁哉編　東京外国語大学出版会　二〇一五年
高山陽子ほか『多文化時代の観光学　フィールドワークからのアプローチ』高山陽子編著　ミネルヴァ書房　二〇一七年

敷田麻実（しきだ・あさみ）

はじめてのフィールドワークは大学時代のマグロ漁船乗船だ。三か月間見習い漁師として働きながら、漁業の現場をルポルタージュし、現場で体験しながら観察することをおぼえた。乗船中に得た体験でその後の人生が変わった。以来、好奇心がつきることなく、よそ者としての現場体験をくり返している。いつでも、どこへでも、が信条である。現場に立って体験している自分を第三者として見ているのは楽しい。わからないことが多いほど、知る意欲も高まるのがフィールドワークだ。なぜに答える旅といってよいだろう。

＊　＊　＊

■わたしの研究に衝撃をあたえた一冊『冒険と日本人』

著者の本多勝一は、パプアニューギニアやイヌイトのコミュニティのルポルタージュだけではなく、現代社会も取材現場としてきたルポライターである。感情的表現や主張ではなく、現場の事実の記述を積みかさねることが著者のアプローチであり、「事実とは何か」がつねに問われている。この本もふくめ、本多の著書は、研究を進めるうえでも重要な事実にもとづく推論や表現の見本としてすぐれている。同著者の『日本語作文の技術』とともに、大学時代から手もとにある一冊である。

本多勝一著　実業之日本社　一九七八年

Ⅲ部

創造都市・農村のためのフィールドワークへの誘い

見えない都市へ　――萩原雅也

わがまち　ボローニャ　――松岡希代子

食文化をいかした創造農村の形成　鶴岡市の挑戦　――本田洋一

「沖縄のこころ」と「サスティナブル・ソサエティ（維持可能な社会）」の実現　――竹谷多賀子

創造都市・農村のためのフィールドワークへの誘い　見えない都市へ

——萩原雅也

わたしは、フィールドワークについて専門的な教育や訓練を受けたことはなく、インタビュー調査や調査記録のまとめかたなどもよくいえばオリジナル、悪くいえば我流で適当なものばかりである。とても胸を張ってフィールドワーカーとしての技法を開示することはできない。そのため本書のテーマのなかで読者に何を伝えることができるのか、ハタと考えこんでしまった。

しかし、浅学の身を省みず、これまで創造都市・農村の実証研究としていくつかの地域で調査をし、その考察をまとめてきたことも事実である。わたしのこれまでの研究での（けっしてゆたかとはいえないが）経験とそこから得られたものについて、肩の力を抜いて書いてみたい。ひょっとすると何かが皆さんの参考になるかもしれないことを期待して。

1　フィールドにむかうまえに——予備的な考察とマインドセット

創造都市とは、あたりまえのことだが都市にかんする研究である。ところがこの都市というのは一筋縄ではいかないやっかいな対象である。フィールドにむかうまえにまず考えておかなければならないのが「都市」とは何かである。同時に、都市とその様態を考えることは、対比して農村を考えることにつながっている。ルイス・マンフォード、ジェイン・ジェイコブスなど創造都市論に連なる論考をひもといてみよう。調査をおこなおうとする都市はいかなる特性をもち、どのような発展段階にあるのか、基礎的な理解のためにこれらをあらためて参照することはけっして無益ではないと思う。

もうひとつフィールドワークのまえに、都市について考えておくべき現実的問題がある。それは調査対象となる都市の範囲を定めなければならないということである。城壁にかこまれ、都市国家として歴史的に発展してきたヨーロッパなどの都市においては、その境界と行政区分、コミュニティ、権力構造、地域文化が重なり、周囲との区分は明瞭であることが多い。しかしことなる原理によって形成され、周辺にスプロール化されてきた日本の都市は、ひとつの都市圏がいくつかの市町村に分かれていたり、歴史的存在としての都市が広域市町村のなかに埋没していたりするため、研究対象となる都市とはどこまでなのかを確定させる必要がある。都市についての基礎資料収集にかんしても、自治体ごとの人口・経済指標などをあつかうときには加工が必要となったり、基礎的なデータを得ることがむずかしい場合も計算に入れておかなければならない。

原理的な意味、実践的な課題として、われわれがこれから探索すべき都市というとらえがたい存在について、立ちどまり考察することは、フィールドワークにふみだす準備運動として重要である。

つぎに必要なことは、当該都市に関連する文献調査である。文献調査でわたしが心がけ

都市とその様態を考えることは、対比して農村を考えることにつながっている
創造都市と創造農村はことなるものとして定義されている（参考文献9、10参照）。わたしのこれまでの調査対象であった京都市（中心部）と神山町・上勝町とのあいだには、人口・経済的規模や内包する自然環境などにかんする大きな差異があり、これらの地域を同列にあつかって考察することは慎重であるべきであろう。しかし、本稿は、フィールドワークの経験から得られたものを伝えることをおもな目的とすることから、創造都市と創造農村を厳密に区別せずに調査事例としてあつかっていることを留意されたい。

ルイス・マンフォード、ジェイン・ジェイコブスなど
マンフォード著『都市の文化』、ジェイコブス著『都市の原理』『発展する地域

ていることは、専門的な研究領域にとどまらず、できるだけ幅広い分野からのテキストを集めることである。

都市の実相をとらえ状況を記述する言説には、マクロなデータにもとづく政府機関の公式報告書、都市経済・社会にかんする社会科学的研究、郷土史やフォークロア、学校や企業の周年誌、路上観察の記録、紀行・旅行記、あるいは暗喩として都市の陰影を描く小説にいたるまで多様な領域にわたる膨大なテキストが蔵されている。これら多様な分野にまたがる文献リストに目をとおすためには、ウェブサイトの利用だけでは無理で、フィールドワークのまえに当該地域の図書館の郷土コーナー、資料館などをおとずれることが望ましい。

創造都市・農村を考察するためには、なによりも研究者自身が地域を理解する枠組みを広げ、創造的なマインドセットをもつことがたいせつである。経済・社会的な研究領域からはずれていたり、一見関係がなさそうなマージナルな言説のなかにこそ、地域をとらえ直すための手がかりが埋めこまれている。多様な領域からの文献探索を創造都市・農村のフィールドを最初に耕すツールとして推奨したい。

2　フィールドワークのなかで——いくつかのエピソード

わたしにとってフィールドワークとは、調査対象の地域を「ほっつき歩く」ことからはじまる。はじめての場所であれば、すこし時間をかけてその土地の空気を吸い風土や雰囲気を感じてみたい。具体的な地域の姿を知ることは、当然のこととしてそのフィールドに

衰退する地域』は、都市の発展と衰退、都市—農村の関係性について、考えを整理するためにおりにふれて参照している。逆に、創造都市論の文脈からははずれるかもしれないが、ウィリアムズ著『田舎と都会』は、都市と農村の関係についてさまざまな考えかたや感じかたを想起させてくれるし、カルヴィーノ著『見えない都市』はこんなふうに創造都市を記述したいという憧憬をもたらす本である。たとえば、「精緻な都市 1」に描かれているイザウラの都は、京都についての美しいメタファーだと思うのだが。

いる人の話を聞き、生活や活動のようすをのぞき見ることになる。フィールドワークの達人であった宮本常一は、調査を「される側のさまざまな迷惑」を指摘し、フィールドワーカーとしての心得をのこしている。そのことばもかみしめながら、フィールドにむかおう。

以下は、それぞれの地域で考えたことと調査のなかで出会うことができた人びとの話やエピソードを中心に簡潔にまとめた。

伊賀上野――城下町のネットワーク

伊賀上野（現三重県伊賀市上野地区）は、忍者の里として広く知られているが、上野城をあおぐ城下町であり、近隣地域の商業の中心として江戸時代から発展してきたまちである。しかし近年はほかの多くの地方都市と同様に、観光客でにぎわうごく一部の店舗をのぞいて客足がとだえている。由緒ある商店も閉鎖され、伝統的な町家・武家屋敷に暮らしてきた人たちも転住し、雨戸がしまったままの空き家が増えていた。このような状況のなかで、自分たちの生まれ育った地域を見つめ直し、まちにたいする誇りをとりもどそうとする活動が巻きおこってきた。そのひとつが、市民の手づくり博物館である「伊賀まちかど博物館」である。

わたしは「伊賀まちかど博物館」をはじめ、「城下町お菓子街道」などの市民によるまちづくりのための創造的活動の生成過程を研究するために二〇〇〇年以降フィールドワークをくり返した。伊賀上野の中心市街地は、伊賀

写真1　伊賀上野のまちなみ

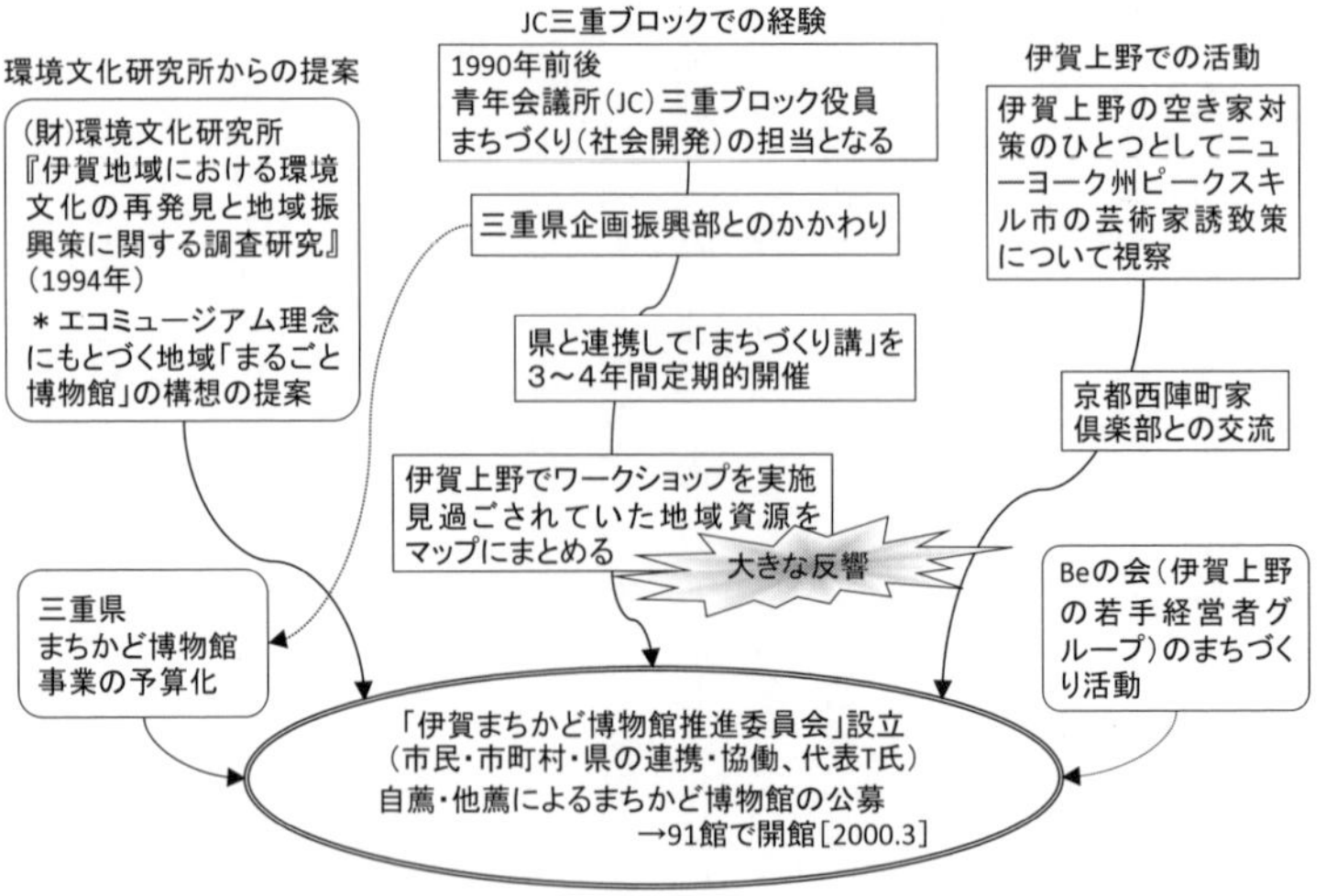

図１ 「伊賀まちかど博物館」開館までの経緯

鉄道上野駅の南を東西に貫く三筋町と呼ばれる三つの通りを中心に形成されてきた。町家、明治の洋館が並ぶレトロな界隈には「伊賀まちかど博物館」も多く開設されている（前ページ写真1）。

ここをおとずれ、まちづくり活動の経緯について話を聞きつづけ、ノートをとっていくことによって浮かびあがったものは、多様な活動に主体的にかかわり、中心となっている人たちをつなぎ、活力をあたえているインフォーマルなコミュニティの存在である。業種や年齢がことなり、表面的にはつながりがなさそうであっても、鬼行列で有名な「上野天神秋祭」の祭礼組、商工会やJC、出身学校の同窓会などによって幾重にもむすびついていることがわかってきた。

まちの人たちのたまり場となっているカフェや飲み屋で日々生まれるあらたな出会いも加わって、活動の水面下で情報やノウハウが伝達され、相互に刺激しあう関係が生成されている。伊賀上野は、これらのまちに幾層にも張りめぐらされたネットワークをとおして、まちづくりの実践がかたちとなっている。フィールドワークをとおしてこそ知ることができたその一端を示す（図1）。

神山町——地域文化と開放性

徳島県神山町は、ＮＰＯ法人グリーンバレーが中心となった「創造的過疎」の取り組みによって全国的に知られ、地方創生のひとつのモデルとなっている。わたしは二〇一三年八月ころ神山町をおとずれた。

グリーンバレーは、一九九二年に誕生した神山町国際交流協会が前身となって、二〇〇四年に設立されたＮＰＯ法人である。二〇一三年八月までの活動をふり返ってかんたんにまとめてみると、①神山アーティスト・イン・レジデンス（ＫＡＩＲ）、②神山町への移住者促進とワーク・イン・レジデンス（ＷＩＲ）、③サテライトオフィスの誘致と商店街再生ということになる。

ＮＰＯ法人グリーンバレーの理事長をつとめてきた大南信也氏の話を聞くことができた。なかでももっとも印象的なことばは「数珠つながり」である。グリーンバレーが中心となった創造的活動によって、企業のサテライトオフィスの開設という雇用や経済への効果も生まれているが、最初からそれを帰着点として計画的、理論的に活動をすすめていたわけではないという。ひとつずつ目前にある課題をのりこえ、よりよい地域づくりをすすめる創意工夫をくり返すなかで、それまでまったく縁のなかった人との関係が生まれ、次つぎとネットワークが広がった結果、予期せざる成果として移住者とサテライトオフィスがもたらされた。そのようなインプロビゼーションを大南氏は「数珠つながり」ということばで表現されたのであった。

また、映像制作のためのサテライトオフィスをひらいた企業の代表者にも話を聞くことができた。そのなかでは、日本各地にあったという候補地からなぜ神山町を選んだのかという問いにたいして、緑ゆたかな自然環境と町が設置を推進してきた光ファイバー網に加えて、「閉鎖的ではなく自然に地域の一員として受け入れてくれる田舎らしくないゆるさ」が決め手となったという。古民家を改築したオフィスは、縁側を住民に開放することにしたものの実際に使ってくれるのか心配だったが、夕刻になると住民が縁側に腰掛け、オフィスで働く人とのあいだにも自然な交流が生まれている（写真2）。

まち歩きとインタビューをとおして感じたことは、このような神山町の「ゆるさ」の背後には、遍路などをもてなしてきた文化の残影があるということである。神山町には四国八十八ヶ所の第十二番札所と遍路の元祖といい伝えられる「衛門三郎《えもんさぶろう》」の終焉の地とされる「杖杉庵《じょうしんあん》」がある。第十三番札所へとむかう道も町内を通り、遍路の宿も点在し姿もよく見かけられる。

わたし自身もフィールドワークのときにこのような神山町にのこるもてなしの文化を実感した。調査のはじめに町の郷土資料館を訪問し、来館予約が必要とのことで町教育委員会に電話したところ、文化財保護審議会会長であったA氏にご案内いただけることになった。神山町ではかつて住民の人形浄瑠璃が盛んであり、旅の絵師たちが制作し舞台で使わ

写真２　縁側のあるサテライトオフィス

写真３　神山町ふすま絵

れていたふすま絵が数多くのこっている（写真3）。それらの収蔵品についてくわしい説明を聞きお礼を申しあげ、別れようとしたところ、「昼はどうするの。よかったら家に来なさい。浄瑠璃の資料もあるし」とのお誘いを受けた。初対面でと躊躇したものの、結局お誘いを受けて神山町の西端にあるご自宅にうかがい、素人浄瑠璃の語りの名人で医師でもあった祖父がのこされた品々を拝見し、大阪文楽の太夫とのふかい交流についてまことに興味ぶかい話を聞くことができた。

上勝町――「名」の関係性資産

上勝町は徳島県でもっとも人口のすくない市町村であるが、毎年、町民数をこえる視察者がおとずれる。訪問者の目的は、日本料理に添えられる木の葉などの「つまもの」栽培、いわゆる「葉っぱのビジネス」と日本でもっとも先進的ともいわれるごみ処理についてである。わたしがおこなった調査の時期は神山町と同じ二〇一三年八月である。

つまもの栽培は、当時農協職員だった横石知二氏によって提案され一九八六年に創始された。その後の市場開拓や青果市場の情報提供・出荷予約システムをはじめとする取り組みは、まさに創造的問題解決のプロセスであった。ごみ処理は、住民の手による徹底的なごみ分別、リユースのための「くるくる工房」の運営、祭などでくり返し使える食器の貸出、「ゼロ・ウェイスト（zero waste）宣言」とNPO法人ゼロ・ウェイストアカデミーの設立などの総合的な取り組みによって大幅なごみ減量化に成功している（写真4）。上勝町の活動をリードする主要なアクターは町役場・農協などの専門家であり、時には専門外の分野に属する外部の有識者とも交流しながら、強力に活動をすすめてきた。活動はおおむね、産業再生→環境問題→芸術文化へと発展してきており、調査当時は集落（名《みょう》・小《こ》字《あざ》）の地域活性化を視野に入れたアートプロジェクトに力を入れていた。

上勝町を歩き、話を聞いて印象ぶかかったことは、これまで地域で培われ、伝えられてきた無形の文化資源、共有されてきた生活スタイルの根強さである。たとえば、ごみの分別は、各家庭が車でごみを町内に一か所しかないごみステーションまで運び、手間をかけて分けるという自律的な行動によってなりたっている。上勝町では、野焼きをしていた時期もふくめてごみ収集車が走ったことは過去に一度もなく、ごみの分別にたいする苦情はあるものの、もちこみにかんする苦情はほとんどない。町民がみずからもっていくという行動スタイルがあたりまえのものとして共有され、現在の課題解決のためのツールとなっている。地区単位のアートプロジェクトも大勢の住民ボランティアによってすすめられており、地域活動参加のハードルは都市部では考えられないほど低い。

その背後には、農林業作業を中心とする集落単位のむすびつきとともに、村社に必ずあった農村舞台で戦後まで盛んにおこなわれた人形浄瑠璃芝居の座運営に集落全体でとり組んできた共有体験が息づいている（写真5）。

わたしが山腹にある農村舞台の調査に車でむかった時のことである。県道から上り道へ

写真4　NPO法人ゼロ・ウェイストアカデミー

写真5　人形浄瑠璃の農村舞台

の交差点を曲がると、反対車線に脱輪した軽トラックがとまっていた。たったいま、溝に車輪を落としたばかりのようで、老夫婦が軽トラのそばに立っていた。すこし先の広い道路に車をとめてもどると、あっという間にあちこちから人がかけつけ、梃子にする丸太をもってくる人、ダンプカーで引きあげようとする人、ちょっとしたさわぎになったが、みんなで力を合わせて車をもちあげ一〇分たらずで無事脱出できた。やれやれよかったと車へ帰ろうとすると、近くにいた女性から「あんた、えらい遠いとこから来てくれて、ご苦労さんやったなあ、お茶でも飲んでいき」と声をかけられ、交差点の側の家の土間に招き入れられた。土間におかれた椅子に座って、暑いなかで一仕事したあとの冷えたお茶をありがたくいただきながら、その女性と雑談していたとき、入口から高齢の女性がすっと入ってきた。すると雑談していた女性がそちらをふり向きながら「勝手にちょっとお茶いただいているで」と声をかけるではないか。高齢の女性は「ああ、どうぞどうぞ」というような調子でニコニコと答えている。そのあと話を聞いてみると、この家はあとから入ってきた高齢の女性の自宅で、わたしを連れてきた女性は見ず知らずの人間を他人の家に引きいれ、勝手に冷蔵庫からお茶までふるまっていたのである。このときに上勝町に埋めこまれている人と人のネットワークや根強さを実感できたのであった。

えらい遠いとこ
当時のわたしの車は三重県のナンバープレートをつけていた。

3　フィールドワークからの考察——まとめとして

フィールドワークの成果をどのようにまとめればよいのか。これも人によっていろいろなアプローチがある。わたしはフィールドワークをとおして実感し、考察できたことを図

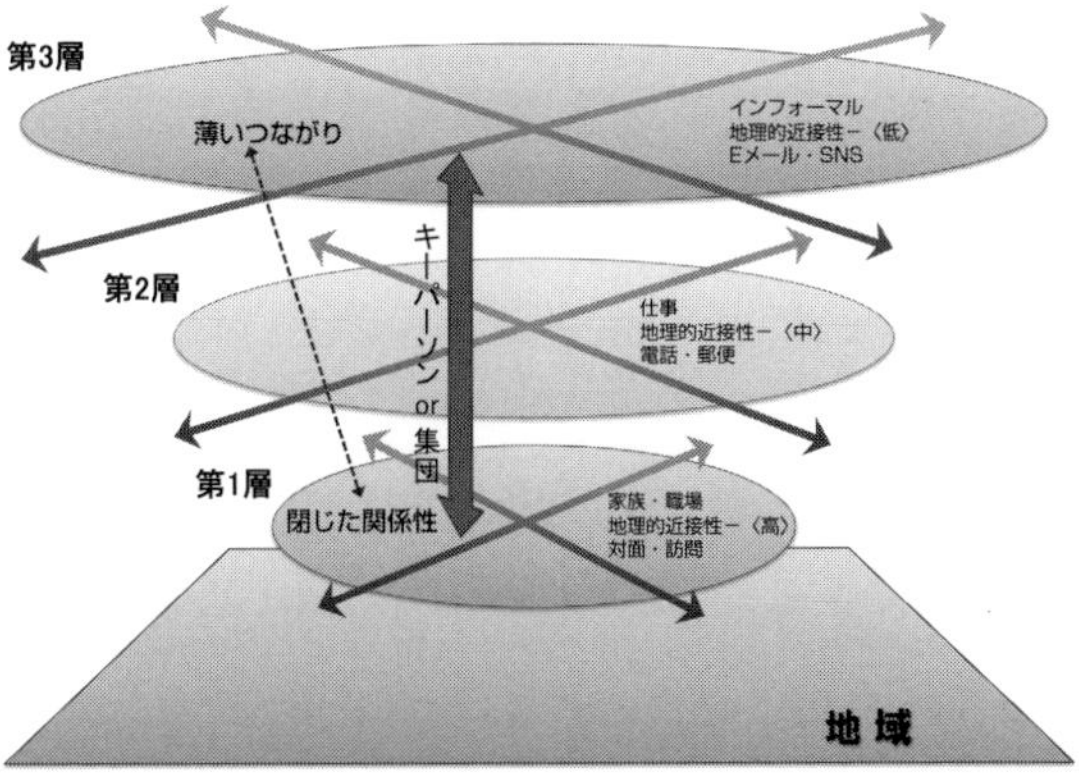

図２　３層構造のネットワークモデル

に落とせると心がおちつく。たとえば上記の伊賀上野の経験のうえに神山町、上勝町の調査をとおして考えついたものが、活動をすすめる中心となる主体に必要なネットワークの三層モデルである（図2）。

　フィールドワークをとおして理解できたことは、創造的活動の起点となり、活動をすすめるキーパーソンは、三層モデルで示したような、必要とされる多様なネットワークなどの資源をはじめから十分にもっているわけではない。活動をおこなう過程でネットワークが広がり、キーパーソンとして育っていったというべきであろう。キーパーソンはひとりではなく、ことなったネットワーク資源をもつ人が協働できる集団であってもかまわない。このようなキーパーソンと活動にとって必要となるネットワークの多様性について、関係を親近性や効用の面から分節し、考察フレームとして提示したのが三層のレイヤーからなるモデルである。

　このようにフィールドワークをとおして得た知見をひとつのかたちにまとめると、見え

ネットワークの三層モデル　基底の第一層に家族・近隣関係や職場など日頃から顔を合わせ強い紐帯でむすばれる地域に根ざした閉じたネットワーク、その上の第二層に仕事上の取引関係・地縁団体などで定期的にコミュニケーションをとりあいたがいをよく知っている関係、第三層にインフォーマルなものもふくむメールやSNSなどでの情報交換によって薄くむすばれたような開放的で広がりのあるネットワークをおく仮想的なものである。

なかった創造都市・農村の諸相のひとつがあきらかとなり、考察をふかめ、フィールドワークの段階をすすめるための足がかりが得られる。

二〇一九年現在、京都市を対象としてフィールドワークをおこなっている。京都市はその広さも歴史的な深度もわたしの手にあまる大都市である。そのために、いくつかの小学校区に焦点をあててアンケートやインタビューを重ねているが、そのなかでもわたしの考えかたや理解の幅を広げてくれる人、ことば、エピソードに出会っている。これはまたつぎの機会に書くこととしよう。

〈参考文献〉

（1）Calvino I (1972) *Le Città Invisibili*, Giulio Einaudi.（イタロ・カルヴィーノ『見えない都市』米川良夫訳　河出書房新社　二〇〇三年）

（2）萩原雅也「エコミュージアム構想から市民学習活動のネットワーク形成へ『伊賀まちかど博物館』の展開」『エコミュージアム研究』第14号　日本エコミュージアム研究会　二〇〇九年

（3）萩原雅也「創造的活動のための人的資源と文化資源についての考察　徳島県神山町・上勝町の事例から」『大阪樟蔭女子大学研究紀要』第4巻　大阪樟蔭女子大学学術研究会　二〇一四年

（4）萩原雅也『創造の場から創造のまちへ　クリエイティブシティのクオリア』水曜社　二〇一四年

（5）Jacobs J (1969) *The Economy of Cities*, Random House.（ジェイン・ジェイコブズ『都市の原理』中江利忠他訳　鹿島研究所出版会　一九七一年）

（6）Jacobs J (1984) *Cities and The Wealth of Nations: Principles of Economic Life*, Random House.（ジェイン・ジェイコブズ『発展する地域衰退する地域　地域が自立するための経済学』中村達也訳　筑摩書房　二〇一二年）

（7）宮本常一・安渓遊地『調査されるという迷惑　フィールドに出る前に読んでおく本』みずのわ出版　二〇〇八年

（8）Mumford L (1938) *The Culture of Cities*, Harcourt Brace & Company.（ルイス・マンフォード『都市の文化』生田勉訳　鹿島研究所出版会　一九七四年）

（9）佐々木雅幸『創造都市への挑戦　産業と文化の息づく街へ』岩波書店　二〇〇一年（岩波現代文庫　二〇一二

年）
（10）佐々木雅幸・川井田祥子・萩原雅也編著『創造農村　過疎をクリエイティブに生きる戦略』学芸出版社　二〇一四年
（11）佐々木雅幸総監修、敷田麻実・川井田祥子・萩原雅也編『創造社会の都市と農村　SDGsへの文化政策』水曜社　二〇一九年
（12）Williams R (1973) *The Country and the City*, Chatto & Windus.（レイモンド・ウィリアムズ『田舎と都会』山本和平他訳　晶文社　一九八五年）

萩原雅也（はぎはら・まさや）

一九五八年大阪市生まれ。元高等学校美術科教諭。フィールドワーカーとしての来歴はみじかく、ここに特記するものはない。ただ中高生のときには毎月いろいろな美術館にかよい、そのついでにまちを散策したことは多かった。何度も歩いてもっとも印象ぶかいのは地上駅舎であったころの京阪電車四条駅、三条駅から東山の美術館へむかう白川沿いの路地の風情である。疏水からの分流口の下は人通りもすくなく、夏には流れの一部をせきとめたプールができて子どもが水遊びをしていたのを思いだす。

＊　＊　＊

■わたしの研究に衝撃をあたえた一冊『路上にて』

学生時代に読みつづけていた開高健の本をあげたい。小説もノンフィクションも何冊も読んだが、現在も手元にあるのは『路上にて』である。TOKYOはわたしにとっての「マイ・ロスト・シティー」かもしれないが、その原イメージは、ふり返ると、この本のなかの「ずばり東京」にあるようでもある。あらためて書店にいってさがしてみると、二〇一九年は没後三〇年ということで何冊もの著書が平積みになっているのがちょっとうれしかった。

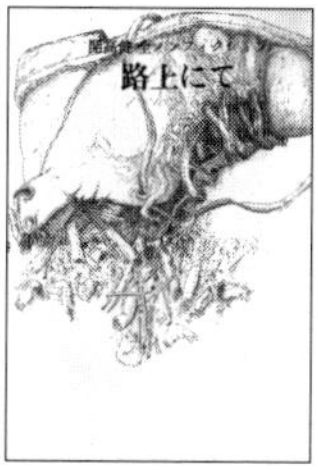

開高健著
文藝春秋（開高健　全ノンフィクションvol. 3）
一九七七年

わがまち　ボローニャ

——松岡希代子

1　ボローニャへの道

ボローニャ。イタリアの北部にある人口三九万人ほどのおちついた都市だ（写真1）。人口はイタリアで七番目の大きさ、世界最古の大学のひとつボローニャ大学をようする。エミリア・ロマーニャ州の州都であり、けっして小さいまちではないけれど大都会ではない。いうならば、ちょうどいい大きさの「人間サイズ」のまちである。ボロネーゼソースのタリアテッレに代表される美食と、梱包機械、光学、出版業などの産業に恵まれ、イタリアでも有数のゆたかで住みやすいまちとして知られている。旧市街には中世からのまちなみが非常によく保存され、アーチの美しいアーケードがはりめぐらされている（写真2）。わたしは、そんな魅力的なまちボローニャに年に何回か滞在し、活動することを一九八九年から続けている。

美術館で働くのが夢だったわたしは、幸いなことに大学院修了後の一九八六年七月に、東京の区立美術館でもっとも歴史のある**板橋区立美術館**に学芸員として採用された。明治時代の洋画の展覧会と実技講座の企画というまったくことなるふたつのジャンルの担当者

板橋区立美術館
一九七九年に開館した東京二三区の区立美術館第一号。江戸時代の美術、昭和の前衛絵画、絵本の三本柱で自主企画展を開催している。交通の便の悪いところにある、小さな美術館だが、古美術と近現代絵画のコレクションの評価は高く、近年では海外への貸し出しも多い。絵本関係のイベントも注目されている。二〇一九年六月、約一年の工事休館を経てリニューアルオープンした。

として、学芸員としての仕事をスタートさせた。すでに他館ではとり組まないようなユニークな展覧会活動で知られていた板橋区立美術館は、毎年夏に、兵庫県の西宮市大谷記念美術館の企画協力のもと「イタリア・ボローニャ国際絵本原画展」を開催していた。一九八一年に板橋区立美術館ではじめてのボローニャ展が開催された（写真3）。当時は、美術館で絵本原画展をやることがめずらしく、そのこと自体がニュースになったり、時に批判もされたりするような時代であった。しかし、毎年開催を重ね、わたしがきたころにはすっかり定番の企画となっていた（次ページ写真4）。

　ところが、わたしが就職して二年目のころ、ボローニャ展の開催のシステムが変わることになった。それまで、イタリアと折衝してセッティングしてくれていた西宮市大谷記念美術館が、工事休館することをきっかけに、その後は板橋区立美術館が幹事館として、日

写真1　ピアッツァ・マッジョーレとサン・ペトローニオ教会

写真2　アーケード（ポルティコ）が続くまちなみ

写真3　はじめてのボローニャ展（1981年）

西宮市大谷記念美術館
一九七二年に西宮市が実業家の大谷竹次郎氏より寄贈を受けた土地建物、美術品をもとに開館した美術館。日本の近代洋画、日本画、フランス近代絵画のコレクションに加えて、地元作家の作品収集もおこなっている。展覧会としては、一九七六年に日本の美術館としてはじめての絵本原画展を開催し、一九七八年からはイタリア・ボローニャ国際絵本原画展を毎年おこなっている。

イタリア・ボローニャ国際絵本原画展
一九六七年からボローニャ・チルドレンズ・ブックフェアで開催されている絵本原画の公募展入選作品による展覧会。本展は出版、未出版どちらの場合でも受け入れられるため、新人作家の登竜門として世界中から応募がある。ボローニャでの開催のあと、板橋区立

写真4　小学校のボローニャ展団体鑑賞（2016年）

本国内いくつかの美術館を巡回するこの展覧会の運営をすることになったのだ。当初、板橋の先輩学芸員がボローニャ展の担当に決まっていたのだが、先輩学芸員の郷里に立派な美術館が開設されることになり、ヘッドハンティングされてしまった。それで新人で暇そうに見えたわたしが急遽、担当者となったのだ。わたしの役割はボローニャ側の主催者と直接やりとりをして、日本国内のボローニャ展全体の代表者として展覧会を運営していくことだった。世の中にはまだ電子メールはなく、当時の板橋区立美術館にはファックスもなかった。四〇分ほど離れた本庁舎の国際交流課と区長の机の電話だけが、国際電話をかけられる状態だった。イタリアとの連絡は大手町にあった当時の**日本電信電話公社**に入る**テレックス**を一時間かけてとりにいくか、うっかりすると到着まで一か月ほどもかかる航空便の手紙を使うというのんびりした時代であった。

　偶然が重なってはじまったボローニャの仕事であったが、わたしにとってはひそかに「イタリアがもどってきた」とよろこびを感じる出来事でもあった。就職まえにわたしは二回イタリアを旅する機会に恵まれていた。高校生の時、はじめてふんだ外国の地はローマだった。三月のレオナルド・ダ・ヴィンチ空港は、野草の小花が美しく、**ボッティチェリ**の代表作「プリマベーラ」のようだったことをいまでもよくおぼえている。そのとき、美術高校にかよっていたわたしは、はじめて見るローマの教会の空間、遺跡のモザイクや

美術館が幹事館となって、日本国内の美術館を巡回し、日本の絵本界に大きな影響をあたえている。

日本電信電話公社
NTTグループの前身。一九八五年に民営化された。

テレックス
電子メール、ファックスが現れるまえの国際的な通信にもちいられた電報のようなシステム。おもにビジネスでもちいられた。

ボッティチェリ
サンドロ・ボッティチェリ（一四四五—一五一〇）はイタリアのフィレンツェ・ルネッサンスの最盛期を代表する画家のひとり。異教的なテーマにもとづく、官能的な女性像で知られている。代表作「プリマベーラ（春）」（イタリア・フィレンツェのウフィツィ美術館所蔵）の画面の下方には、多数の春を彩る野原の花々

フレスコ画に魅了されてしまった。そこで、大学では西洋美術史のコースを選び、キリスト教図像学で著名な中森義宗《なかもりよしむね》先生のもとで学ぶことができた。大学生のあいだに数回ヨーロッパを旅行した。とくに大学三年生の時には約二か月バックパッカーとして、イギリスからギリシャまで、美術館と教会をリストアップして見てまわった。そのときも、旅の半分以上はイタリアであった。しかし日本の美術館ではキリスト教美術はほとんどあつかわれない。中森先生のアドバイスもあり、大学院では方向性を変えて日本の鑑賞教育の歴史について学び、板橋区立美術館に就職した。海外ものはあつかっていない区立の美術館の学芸員となったわたしは、これからは日本国内で活動していこうと心のなかでイタリアと決別した。しかし、とつぜん「ボローニャ展」の担当になり、気がついてみたらボローニャを中心に海外でさまざまな活動をするようになっていたのだ。

2　イタリア・ボローニャ国際絵本原画展

「イタリア・ボローニャ国際絵本原画展」、それは展覧会というよりも、ひとつの現象といえるかもしれない。現地では「イラストレーター展」と呼ばれるこの展覧会は、世界でもっとも重要な児童書の見本市ボローニャ・チルドレンズ・ブックフェアのなかで開催される絵本原画のコンクールである（写真５）。一九六七年からはじまったこのコンクールは、出版されているものも未出版のものも同等にあつかわれるため、新人作家の登竜門としての役割を果たしてきた。近年では、世界六〇か国以上から三〇〇〇人ほどの応募があるという大規

が描かれている。それらは、この絵が描かれたフィレンツェの周辺に実在しているものであることが、研究によりあきらかになっている。

モザイクやフレスコ画
モザイクは、色石やガラスなどの小片を埋めこんで建物や工芸品の装飾をおこなう技法。フレスコ画は、壁に塗ったしっくいが乾くまえに絵の具をしみこませて

写真５　ボローニャ・チルドレンズ・ブックフェアではたくさんのイベントが開催される

写真6　イラストレーター展展示風景

写真7　イラストレーターたちが自由に自分をPRできるコーナー

模なものだ。板橋区立美術館は、その入選作を全点借用し「イタリア・ボローニャ国際絵本原画展」という名称で毎年展覧会を開催している。もともとこの展覧会は見本市会場の殺風景な壁を飾るためにはじまったちょっとした企画だった。しだいに参加したいという人の数が増えてきたので審査をすることになり、審査するからには国際審査団にして入選作の図録もつくって、というようにかたちが整えられてきた。現在では、絵本をつくりたい人がめざすべきコンペとして注目度が高まり、入選するには約四〇倍の倍率をクリアしなければならない（写真6・7）。日本では毎年四、五館を巡回する、絵本のイラストレーションの多様性や最新のトレンドを見られる展覧会として人気を集めている。とくに将来絵本をつくりたい人にとっては、さまざまな技法や表現など注目するところがたくさんある。

　ボローニャでわたしが最初に接点をもったのは、ブックフェアのプロジェクト・マネージャー、フランチェスカ・フェッラーリであった。当時、日本の美術館はほとんど男性の学芸員で、わたしの職場にも女性の先輩はひとりもいなかった。フランチェスカがわたしにとってロ

絵を描く方法。いずれも教会などの建物の装飾に多用されている。

中森義宗
一九二三―。東京生まれの美術史家。東京大学文学部美術史学科大学院修了。キリスト教図像学について研究するいっぽう、美術史の基本文献を数多く翻訳したことで知られている。一九七六年、『ホーガス　ヨーロッパ美術に占める位置』で日本翻訳出版文化賞受賞。中央大学、武蔵野美術大学、成城大学、千葉大学、多摩美術大学などで教鞭をとった。

ボローニャ・チルドレンズ・ブックフェア
イタリアのボローニャで開催されている、子どもの本専門の見本市。一九六四年から毎年三月から四月の四日間開催されている。おもには、出版社による版権売買、イラストレーターや

ールモデルとなるはじめての女性であった。彼女は何も知らないわたしをさまざまな場に連れだし、国際的なイベントを運営するノウハウを見せてくれた。ボローニャ展のことだけでなく、公私にわたってじつに多くのことを教えてくれた。

はじめは勝手がわからなかったわたしも、回数を重ねてくるとボローニャ展の展覧会としてのありかたなど気になるところやあらたな考えが浮かんできた。感じたことや考えたことをフランチェスカに伝えてみると、彼女はとてもていねいに聞いてくれて「それならあなたがやってみれば」といい、「わたしたちは展覧会の専門家ではないから、美術館としてのアドバイスをしてほしい」と続けた。この展覧会はブックフェアのなかでおこなわれていたために、わたしたち「美術館人」から見ると技術的に問題があるところも多かった。主役であるはずの入選作家たちにスポットがあたる機会もなかった。額装の方法や入選者に賞状をわたす授賞式の開催といったわたしの提案はすこしずつとり入れられ、わたしはじょじょにボローニャでおこなわれるこの展覧会を内側から支える人になっていった。展覧会をとおして、見本市以外の子どもの本関係者やボローニャの人びと、組織と交流をもつようになっていったのである。

3　見本市とまちのつながり

二〇〇〇年にフランチェスカがリタイアしたとき、ブックフェアの事務局はパニックに陥った。フランチェスカはブックフェアが立ちあがったときからのスタッフでボローニャの顔であったし、フランチェスカの仕事を長く支えていた秘書も同時にやめてしまったか

作家たちの売りこみなどのビジネスの場であるが、児童書関係者が多く集まることを利用して重要な賞の発表や、展覧会、シンポジュームなどの文化的イベントもおこなわれる。

ボローニャ・チルドレンズ・ブックフェアのようす

国際審査団
ボローニャ国際絵本原画展の審査員は原則五人で構成され、近年は全員がことなる国籍であることが多い。審査員は、イラストレーター、編集者、研究者、教師

写真8　旧ボローニャ大学解剖学教室でおこなわれたブルーノ・ムナーリにかんするイベント（2008年）

らだ。しかし心配するにはおよばなかった。つぎのプロジェクト・マネージャーに抜擢されたエレナ・パゾーリも非常に有能で魅力的な女性だったのだ。エレナは文化的なことに関心がふかく発想ゆたかで、それを実現させる実務面も卓越していた。エレナの最初の課題はフランチェスカの時代から懸案であった、見本市とほかの組織、とくにボローニャのまちとのあいだにつながりをつくることであった。

二〇〇一年「フィエーリ・ディ・レッジェレ（読むことを誇りに）」というプログラムが立ちあがる。ブックフェアの時期にあわせて、ボローニャのさまざまな機関や団体、店などが連携して子どもの本にかんするイベントを開催するというもので、現在も続くスタイルがここで生まれた。不便な見本市地区のなかで関係者のみに限定しておこなわれていたイベントが、ボローニャの市街地でもおこなわれるようになったのだ（写真8）。そして、三年前「フィエーリ・ディ・レッジェレ」は「ブーム！」と名称を変え、大規模におこなわれるようになった。ブックフェアをはさむ約一〇日間、ボローニャ全体が子どもの本にかんする大きな実験場のようになる。子ども向けワークショップや、おとな向けの講演会、シンポジューム、展覧会などがさまざまな会場で開催され、ブックフェアにやってきた有名な作家や画家が講師となる。わたしたちも毎年、展覧会やワークショップなどを企画して参加している。二〇一九年は**カルヴァッツア盲学校**の**トロ**

など、多方面から子どもの本にかかわる人びとから選ばれ、毎回全員が入れかわることになっている。

カルヴァッツア盲学校
一八八一年設立のボローニャにある視覚障害者のための教育機関。職業トレーニングや、学校生活でのサポートをとおして、障害者の自立性を高め、社会のインクルージョンをすすめることを目的としている。

トロメオ博物館
カルヴァッツア盲学校と同じ建物のなかにある施設。視覚障害者がさわって楽しんだり、学んだりすることができる展示物がある。

メオ博物館で大阪の「てんやく絵本ふれあい文庫」の岩田美津子さんによる、さわる絵本についての講演会を企画することができた。

　イタリアは夕食時間が遅い。見本市が終わる六時ごろから夕食がはじまる八時すぎまでの時間帯、市内のあちこちで展覧会のオープニングパーティがひらかれる。ふたつ、三つ重なっていることもあるが、おもなものは三〇分きざみにうまく分かれていて、同日に複数のオープニングパーティに参加できるようにプログラムされている。市内に散在する会場はどこも歩いていける距離だ。小さな子ども服の店でひらかれている絵本原画展、広いカフェでの個展、ボローニャ大学図書館の一角を使った歴史的な絵本の展示など、展示内容や場所はさまざまで、ディスプレイ・デザインも工夫されている（写真9・10・11）。

　毎年世界中の子どもの本関係者が、そんな展示をぞろぞろ歩いて見てまわる。それは、

「てんやく絵本ふれあい文庫」の岩田美津子さん

てんやく絵本とは、市販の絵本の上に透明シートに点字を打ったものを貼りつけ、さらに絵柄も透明シートで形がわかるようにしたもので、視覚障害のある母親が子どもに読み聞かせをしたいという思いから生まれた。今日では、少数ではあるが出版社から市販されている絵本もある。岩田美津子さんはこの運動の創始者で、現在はNPO法人として活動を広げている。

写真9　ボローニャ市内のホテルのショウウィンドウを使った日本人イラストレーターを紹介する展示（2016年）

写真10　学校のなかで開催された絵本展（2016年）

写真11　旧ボローニャ大学での絵本展（2019年）

いわば「出席をとられている」ようなもので、あなたの展示を見にきましたよ、わたしは今年もボローニャにきていますよ、とアピールする機会となる。もっともたいせつなのは、ボローニャのネットワークのなかで自分の立ち位置をきちんと保つことだろう。近況を伝え情報交換することで、自分が何かをするときだれに何を聞けばいいか、どこにたのめばものごとが動くかが見えてくる。世界のあたらしい取り組みや興味ぶかい話も聞こえてくる。もちろんゴシップもささやかれるが、いまどんな活動をしているのかわからない人には、いい情報は伝わらない。おもしろい話を聞くためには、つねに活動しつづけていなければならない。そして、ここで出会ったおもしろい事物や人は、自分の持ち駒としてたいせつに手に入れておく。二〇一七年、大ブームをおこした板橋区立美術館の展覧会「世界を変える美しい本　インド・タラブックスの挑戦」は、まさにこのようななかから生まれたものだった。ボローニャでの情報収集は数年後の活動まで支えてくれるのだ。

4　変わりゆくボローニャ

定点観測でボローニャを見ていると、このまちも大きく変わってきている。もしかすると、外から見ているぶん住んでいる人よりも変化にたいして敏感なのかもしれない。かつてボローニャは、観光振興はおこなわないという方針で市政がおこなわれていた。つまり、フィレンツェやヴェネツィアのように観光客がたくさんくることを望んではいなかった。ボローニャには派手な観光スポットはないし、観光にたよらなくても力のある企業がたくさんあるから財政的にも大丈夫というスタンスだった。しかし、二〇〇〇年にヨーロッパ

展覧会「世界を変える美しい本　インド・タラブックスの挑戦」
南インドのチェンナイで活動している出版社、タラブックスの活動を紹介した板橋区立美術館の企画展。二〇一七年に開催された。板橋のあと、二年間にわたり各地の美術館を巡回した。タラブックスはインドの民俗画家たちとの共同作業によるシルクスクリーンの美しい絵本で知られている。

文化首都に選定され、まちの歴史や文化財をいかした事業で成功したころから雰囲気が変わってきた。市内から車で一五分程度のマルコーニ空港（ボローニャ・ボルゴ・パニゴーレ空港）が拡張され、ライナーエアをはじめとする格安航空会社が多数就航した。それが強力な追い風になり、世界中の都市から人びとがやってくるようになった。ボローニャはイタリアへのゲートシティとして価値がいっきにあがったのだ。

ボローニャ市は積極的にシティプロモーションをおこなうために「ボローニャ・ウェルカム」プロジェクトを開始した。まちのメインの広場に面した一等地に観光センターをつくり、市内をめぐるバスツアーや郊外を自転車でまわるツアーなどさまざまなイベントを展開し発信をはじめた。二〇一六年にはプロモーションイベントを東京でも開催し、副市長や有名レストランのシェフが来日して、文化や食をとおしてボローニャの魅力をPRした。わたしもたのまれてボローニャ国際絵本原画展についてプレゼンテーションした。

どちらかというと質実剛健で、あか抜けないイメージがあったボローニャのまちは、大胆な観光化によりずいぶんと変わってきた。むかしからある生鮮食料品アーケード「メッツォ市場」が大胆にリフォームされたことは象徴的な出来事だった。二〇一四年、薄暗かった市場がハム、チーズ、ワイン、さらに名物の手打ちパスタなどが楽しめる明るいフードコートとなった。観光客が気軽にボローニャ名物を味わえる楽しい場所に生まれ変わったのである（写真12）。さらに、市場周辺の食料品店がテーブルを出して、ハムやチーズなどの名産物を提供することが急激に増えた。

いっぽう、無料で拝観できた教会の一部が有料化されてきた。ボローニ

ヨーロッパ文化首都

一九八五年からはじまったEU加盟国の一都市を選んで一年間にわたって文化事業を集中しておこなう事業。一九九九年からはEU参加国増加にともない、複数の都市が選ばれるようになって、名称もヨーロッパ文化首都と変更された。選ばれるためには、多彩な文化プログラムを計画し、ヨーロッパ全体からの参加者が必要とされる。

写真12　市場のなかで食事ができる

ャでいちばん大きな教会サン・ペトローニオ聖堂の一部のカペッラやメッツォ市場近くのサンタ・マリア・デッラ・ヴィータ教会のテラコッタ群像などにはかこいがつくられ、拝観にはチケットが必要になった。イタリアの教会は観光客を寛容に受け入れ、同時に信仰の場として存在してきた。しかし急激な観光客の増加により、そのバランスはくずれてきたようである。まちなかには、おしゃれなカフェやブティックなどがあたらしくできたいっぽうで、むかしながらの食料品店や雑貨店、古本屋など生活に密着した個人商店がすくなくなっている。観光化という波は大きくまちの表情を変えてきている。

5　ボローニャというフィールド

偶然が重なり出会った「ボローニャ」であり、「子どもの本」であった。それはわたしの人生を大きく変え、ゆたかにしてくれた。「子どもの本」に導かれ、どれほど多くの旅をしただろうか。ボローニャの仕事がなければ、絵本作家のレオ・レオーニやトミ・ウンゲラーとの交流もなかっただろうし、インドのタラブックスの人たちと親しくなることもなかっただろう。二〇一〇年から四年間、国際児童図書評議会（ＩＢＢＹ）の国際理事として、世界の子どもの本の関係者をつなぐ団体の仕事をすることもなかっただろう。そしてわたしがボローニャで活動できるのも、板橋区立美術館というベースがあるからだということを忘れてはいけない。ボローニャで得たことをもとに板橋区立美術館で展覧会やイベントをおこない、板橋で体験したことをベースに海外で発信する。やりたいこと、やるべきことは数多くある。まわりの人たちに恵まれ助けられて、やりたいことを続けること

サン・ペトローニオ聖堂の一部のカペッラ
サン・ペトローニオはボローニャの中心であるマッジョーレ広場に面した市民のための教会。カペッラは教会のなかにある小さな礼拝堂で、著名な美術品などで飾られたカペッラなどには別途入場料が必要なこともある。サン・ペトローニオ教会の場合は、ジョヴァンニ・ダ・モデナによる「最後の審判」のフレスコ画が描かれたボロニーニ礼拝堂のみが有料となっている（二〇一九年四月現在）。

サンタ・マリア・デッラ・ヴィータ教会のテラコッタ群像
教会に入って右側奥に設置されている群像。七体のテラコッタ（植木鉢のような素朴な焼きもの）によるもので、一四六三年にニッコロ・デル・アルカにより制作された。キリストの死に直面した瞬間のドラマテ

ができている。わたしの体の何分の一かはボローニャでできている。ボローニャはまさにわがまち、わたしのフィールドである。

イックな人物表現がすばらしい。

レオ・レオーニ

一九一〇―一九九九。アムステルダム生まれの絵本作家、画家、デザイナー。一九三〇年代のミラノでデザイナーとして活躍したのち、ユダヤ系だったため、ファシスト政権による弾圧を逃れるためアメリカに亡命、ニューヨークでアートディレクターとして成功を収める。四九歳の時にはじめての絵本『あおくんときいろちゃん』を発表、絵本制作をはじめる。芸術家の社会的役割がテーマの絵本『フレデリック』『スイミー』などは日本でも広く知られている。

トミ・ウンゲラー

一九三一―二〇一九。フランスのストラスブールで生まれたイラストレーター、絵本作家。一九五六年に渡米、絵本作家となる。絵本の表現が図書館司書などから批判されたこともあり、一時期絵本の制作から距離をおくが、復帰し、一九九八年に国際アンデルセン賞画家賞受賞。二〇〇一年に板橋区立美術館で大規模な回顧展を開催したおりに来日。ストラスブールに美術館がある。

国際児童図書評議会（IBBY）

IBBY（International Board on Books for Young People＝国際児童図書評議会）は、イエラ・レップマンにより、一九五三年にスイスのチューリッヒで設立された国際的なネットワーク。子どもの本をとおして国際理解をすすめることを目的に、二〇一八年現在、七九の国と地域が参加している。日本支部はJBBY（日本国際児童図書評議会）。

松岡希代子（まつおか・きよこ）

ボローニャ国際絵本原画展にかかわりはじめたのは、一九八九年の展覧会からである。わたしはフィールドワークと思って活動していたわけではないが、ボローニャでの仕事は子どもの本にかんする興味と同時に、開催されている場であるイタリアのボローニャというまちへの関心と愛着からふかまっていったように思える。どんなこともひとりのアイディアや思いがなければはじまらない。自分もイベントの渦中に入りつつもその効果と変化を観察しつづけている。

＊　＊　＊

■わたしの研究に衝撃をあたえた一冊『地球の歩き方』

自分が現在海外で活動できているのも、学生時代のバックパッカー経験があるからだと思っている。自分ひとりで海外旅行することができる、という実感をあたえてくれたわが青春のバイブルは『地球の歩き方』。自分自身で信頼できる情報を集め、自分の行動をマネージメントするための基本的な方法を教えてくれた。観光ガイド以上の人生の指針をあたえてくれたものだと思っている。

地球の歩き方編集室
ダイヤモンド・ビッグ社
二〇一八年
書影は『地球の歩き方　ガイドブック　A01　ヨーロッパ2018~2019年版』

食文化をいかした創造農村の形成　鶴岡市の挑戦

――本田洋一

1　創造農村の形成にむけて

今日、我が国においては、人口減少社会の到来と東京一極集中のもと、各地域において地域のゆたかで多様な自然資源や文化資源をいかした持続可能な創造的地域（創造都市、創造農村）の形成[1]が大きな課題となっている。

本章では、山形県鶴岡市における在来作物の活用によるあらたな食文化の創造と内外への発信の取り組みを紹介し、自然資源と文化資源の結合による創造農村の形成にむけた課題を考察する。

二〇一九年二月、わたしは鶴岡市を再訪した。この冬は異例のあたたかさで雪がすくなかったという。白鳥の渡りもはやく、田で餌をついばみ空を舞う。その後景には金峯山の山並みが白く美しく輝いている。作家・藤沢周平は鶴岡の郊外、金峯山の山麓、黄金村に生まれ育った。村役場につとめつつ庄内地域の篤農家の団体「松柏会」で先達から農と人の道を学び教師をめざした。藤沢文学には、「赤蕪」、「こんにゃく」、「孟宗汁」など地元の食材が、きびしくしかしゆたかな地域の自然と風景への懐かしさとともにしばしばとり

創造的地域（創造都市、創造農村）
「創造都市」は二一世紀における文化芸術の創造性を源泉とする経済発展の時代における都市の文化、個性をいかしたあらたな都市政策、文化政策の理念。ユネスコ（国際連合教育科学文化機関）により二〇〇四年「創造都市ネットワーク」が設立され、各国都市政策の柱としてとり組まれている。我が国では佐々木雅幸同志社大学教授により紹介され、取り組みは都市から農村へと広がっている。

図1　鶴岡市の自然環境（提供：アル・ケッチァーノ　奥田政行）

写真1　鶴岡市の在来作物（かぶ、柿）（写真提供：鶴岡市）

あげられている[2]。

　長い冬、日本海の荒波、夏の熱気とすさまじい雷などは、庄内平野に住み暮らす人びとにとってきびしい生活環境であったが、同時に海抜〇メートルから二〇〇〇メートル級の出羽三山におよぶ大きな標高差が生みだす四季の変化は多様で、ゆたかな農産物・水産物を生み人びとに恵みをもたらし、「だだちゃ豆」「温海かぶ」「民田なす」など六〇種をこえる在来作物と「孟宗汁」「寒鱈汁」「芋煮」など家庭料理が鶴岡のゆたかな伝統食文化を形成してきた（図1、写真1）。

　鶴岡では、旧藩の時代から在来の作物が大事に栽培され、明治期には篤農家によって水稲の

「創造都市」「創造農村」を総称して「創造的地域」と呼ぶ。

金峯山
庄内平野の南端に位置し、標高四七一メートル、山頂からは庄内平野、出羽三山、日本海を一望でき、住民からは古来出羽三山と並ぶ修験の山として信仰を集めてきた。藤沢周平はその山のふもと黄金村に生まれ、その作品にも多く登場する。

藤沢周平
一九二七—九七。鶴岡市出身の作家。黄金村（現鶴岡市）に生まれ、我が国を代表する時代小説作家として庶民の姿を心にひびく筆致で描く。とくに庄内をモデルとした「海坂藩」に生きる武士、庶民の姿を描く作品は、鶴岡の自然、食文化を多くとりあげ感動ぶかい。作品として『蝉しぐれ』、『用心棒日月記』、『三屋清左衛門残日録』など多数。

品種改良が熱心にとり組まれ、一八九三年には阿部亀治氏によって現在の我が国の稲の主流をなす「コシヒカリ」などの祖父母の世代にあたる「亀ノ尾」というすぐれた品種が生みだされた[3]。

二〇〇〇年代に入り、鶴岡市においては市の地域発展の方向について、佐々木雅幸同志社大学教授により我が国に紹介された創造都市をめぐる内外の政策動向、とくにユネスコ（国際連合教育科学文化機関）において二〇〇四年に創設された「創造都市ネットワーク」の取り組みをふまえて、ゆたかな農林水産物と食文化をふまえた創造都市をめざす取り組みがすすめられ、二〇一四年、鶴岡市は我が国ではじめて食文化の分野での「創造都市ネットワーク」に登録された。

2 在来作物をいかした食文化を発信する農家民宿「知憩軒」の取り組み

鶴岡市街地から東南へ車で約二〇分、地域の修行の山として古く尊崇されてきた金峯山の山並みを望む西荒屋地域は、鶴岡と内陸をむすぶ六十里越街道に沿い、鶴岡市との合併前は櫛引町に属しゆたかな農産物で知られる。とくに、果物の分野では、山あいに近い寒暖の差をいかしたリンゴ、ブドウ、ナシ、サクランボなど二〇〇種類をこす多様な果物が栽培され、フルーツの里として名高い[4]。

同地域のゆたかな緑の環境に立地する伝統的な農家の建物を活用して宿泊客をむかえる農家民宿「知憩軒《ちけいけん》」[5]は、旬の山菜・野菜と果物を使った季節の味を提供して、全国、最近では海外からのファンもおとずれる伝統の味と食文化の拠点である。一九九八年に農家民

篤農家の団体「松柏会」
庄内在住の人びとを中心として農業技術の向上、郷学（地域の伝統学術、文化）の研修により、人づくり、村づくりをつうじて農業の振興、郷土の発展をめざす団体。藤沢周平は若き日々、村役場につとめながら同会に参加し、地域の伝統文化への目をふかめていった。

藤沢文学
藤沢文学においては『用心棒日月記』における主人公たちの鶴岡の食を懐かしむ対話や、『三屋清左衛門残日録』における雪のすさまじさの叙述など鶴岡の風土を語る印象ぶかいシーンが読み手の心を打つ。

出羽三山
山形県庄内地方をかこむ山並み、月山、羽黒山、湯殿山の総称。古くから信仰の山、修験道の聖地として人びとの信仰を集めてきた。

写真2　地域の味が並ぶ食卓（知憩軒）

宿「知憩軒」を、二〇〇三年に農家の建物で伝統料理を提供する農家レストランを開業し、オーナーシェフとして毎日ゆたかな味を提供する長南光《ちょうなんみつ》さんはかつて産直・宅配にとり組み、人びとに農村の家庭の味をとどけてきた。あわせて長南さんは京都西陣の織物の仕事にもたずさわっていて、しばしば京都をおとずれては綴れ織の制作にとり組むという。

鶴岡は、江戸時代には西まわり廻船をつうじて京都はじめ西日本とのつながりが強く、わたしがおとずれた時節には京風の雛人形が展示されていた。また、多くの農産物の種子もそのルートにより伝えられたといわれている。

わたしのおとずれた二〇一九年二月、「知憩軒」での朝夕の食卓には、温海かぶ、宝谷かぶ、豆腐、胡麻豆腐、椎茸、えご草、あさつき、身欠きニシン、ふきみそ、こうじ、にんじん、大根などの伝統の食材が並び、味わいぶかく体と心をうるおしてくれる（写真2）。

長南さんは、「近年、伝統の食文化をもとめておとずれる人が多いです。『一粒の種、一本の苗、一〇年の一〇〇年ののちにふかく培う』（菅原浜治）が好きなことば。暮らしのなかの日々の料理のたいせつさをこれからも、とく

孟宗汁、寒鱈汁、芋煮　「孟宗汁」は雪解け水が育てる名産である孟宗をいかした鶴岡市の郷土料理。色白で柔らか、四月から五月、鶴岡の春の訪れを告げる里山の恵みとして有名。「寒鱈」は冬の庄内を代表する魚。雪のように白い身で一、二月の厳冬期をすごす人びとをあたためる。「芋煮」は里芋、ねぎに鶴岡特産の豚肉をあわせた味噌味が多い。

阿部亀治氏　一八六八―一九二八。庄内町に生まれた篤農家。稲の改良研究に没頭。優良品種「亀ノ尾」の生みの親。広く栽培され、今日の「コシヒカリ」「ササニシキ」などのルーツとなっている。

佐々木雅幸同志社大学教授　文化政策研究者。内発的地域経済発展にかんする研究、欧米における創造都市政策、イタリア・ボローニャ市の

に子どもたちに伝えていきたい。民宿をともにとり組んできた娘は酒田で家庭料理の店を開業しました。わたしもこの秋にはかつておとずれたイタリアを再訪し、地域の食材をいかした伝統料理のよさについて交流していきたい」と語る。

民宿の食事部屋の神棚の横には「御當 中 河内神社」という掲示が掲げてある。河内《かわうち》神社は西荒屋地域の村の神社。これは、六〇歳前後になると当番となり一年間神社の行事の世話役をつとめるという通知で、長南さんのご主人がつとめられたときのものだという。村の生活は、きびしい自然環境のもとでもたらされる恵みである農林産物を、地域全体で守り維持していく営みのなかで保たれてきた。

「知憩軒」の取り組みは、長い歴史のなか地域の自然と村の生活・伝統により育まれた多様な農産物や食材の基盤を、人びとの体と心をゆたかに育む大事な自然資産・文化資産としていかし、その魅力を都市住民にも発信していく大きな可能性を示している。

3 鶴岡市における「食文化創造都市」への取り組み——内外との交流と情報発信

鶴岡市においては「創造都市ネットワーク」への登録以降、「食の理想郷」をめざす「農林水産業、観光、飲食、食品製造業の連携による『ユネスコ食文化創造都市ブランド』づくり」を重点戦略とし、「鶴岡食文化創造都市推進プラン」にもとづき鶴岡の食の魅力を案内する「鶴岡ふうどガイド」の養成、「食文化テキスト」の作成、「鶴岡食文化女性リポーター」の活動などがすすめられている。そのなかでも、つぎのふたつの取り組みは特

取り組みにかんする研究をふまえて、我が国における創造都市、創造農村政策の先導役として活躍。主要著書『創造都市の経済学』（勁草書房）、『創造都市への挑戦』（岩波書店）、『創造社会の都市と農村』（総監修、水曜社）ほか。

創造都市ネットワーク
「創造都市」政策の推進にむけてユネスコにより情報交流の場として二〇〇四年「創造都市ネットワーク」が設立、現在（二〇一九年）各国一八〇都市が参加。我が国では、横浜市等により二〇一〇年「創造都市ネットワーク日本」が設立され、現在一一一自治体が参加し、各地域でそれぞれの個性をいかした取り組みがすすめられている。

綴れ織
古くエジプトを起源として伝わった西陣織の伝統技法のひとつ。独特の爪掻きで

色ある事業として注目される。

第一は、地域の食文化の発展の担い手となるシェフや料理人など食関連の人材の育成である。地域の食材をいかした料理の創造により内外に鶴岡の食文化を発信する料理人は、農林漁家とともに食文化創造都市形成の中心的な役割を担っていくことが期待されている。

鶴岡市では二〇一八年度、市内の飲食店、宿泊業などで働く料理人の技術向上をめざして、「料理人等高度化支援事業」を創設し、資格取得、専門技術研修、コンクールへの参加を支援している。また、二〇一七年五月には我が国の代表的な調理師養成の拠点である辻調理専門学校との連携協定を締結している。

写真3　ミラノ国際博覧会（写真提供：鶴岡市）

第二は、ユネスコの食文化分野での登録都市など、海外との食文化の交流・発信事業の展開である。二〇一五年にはイタリア・ミラノ市で「地球に食料を、生命にエネルギーを」をテーマとして開催された国際博覧会に出展し、鶴岡の食文化の世界への紹介がおこなわれた（写真3）。

万博への参加がきっかけとなり、イタリア・ピエモンテ州ブラ市郊外のポレンツォに立地する「食科学大学（The University of Gastronomic Sciences）」との交流が開始された。「食科学大学」は、スローフード協会とイタリアのふたつの州、ピエモンテ州とエミリア・ロマーニャ州の協力のもとに「農業の新たな展開、生物多様性の保護、食文化と農業科学の組織的連携の視

色糸を織りこみ模様を緻密に表現していく織りかた。

菅原兵治　一八九九―一九七九。宮城県出身の教育思想家、農村指導者。戦後、鶴岡に東北農家研究所を開設し、おもに農村の青年を対象とした半日の古典学習、半日の農業従事による塾式教育の指導者として多くの人びとに影響をあたえ、多数の著書、論文をつうじて東北地方農村の人材育成に貢献した。

辻調理専門学校　一九六〇年大阪に創設された我が国を代表する調理師学校。日本の食文化産業の発展、担い手育成にむけて、二〇一六年、鶴岡市と食の連携協定書をかわし、在来作物、食文化の研究、学生のフィールドワークをすすめている。

点にたった国際的な研究、教育のセンター」を教育、研究の目標として二〇〇四年に設立された私立大学である。開学以降世界各国から二五〇〇名をこえる学生がつどう食の分野の専門教育機関となっている。

食科学大学と市との間で、大学での鶴岡の食文化についての講義、学生の鶴岡訪問がすすめられ、二〇一六年一二月に同大学との戦略的連携協定を締結し、食文化の交流がすすめられている。

また、鶴岡市においては二〇一八年度に、「ユネスコ食文化創造都市料理人研修派遣制度」が開始された。この制度はユネスコの「創造都市ネットワーク」発祥の都市からの料理人派遣要請にこたえるため、あらかじめ派遣を希望する料理人を登録し、各都市への派遣経費の助成をおこなうことで海外諸都市との食文化の交流をはかる事業であり、韓国・全州市、スペイン・バレンシア市への派遣がおこなわれた。

鶴岡市における食文化の内外への発信の今後の方向について、鶴岡市役所において業務を担当しみずからも「羽黒山伏」として「秀悦」の山伏名をもつ鶴岡市食文化創造都市推進専門員の伊藤賢一さんは「鶴岡市、庄内地域のきびしい自然と長い歴史のなかで育まれてきた伝統の食文化について、出羽三山の修験道や芸能など地域文化の全体像もふくめて、じっくりと学び楽しんでもらう滞在型の観光をめざしていきたい」と語る。

4　展望

地域の持続可能な創造的発展にむけて、多様な自然資源・文化資源を創造的に活用して

羽黒山伏
出羽三山のひとつ「羽黒山」を中心に、いまでも「山伏修行」がおこなわれている（名前はその総称）。その修行の内容は秘密とされ、白装束を身にまとい俗世界から離れて自然と人間の共生する、山伏の精神文化を体感する。

いくことが重要な政策課題であり、我が国の未来をひらくという認識は近年広がりを見せ、さまざまな取り組みが動きはじめている。

　国の文化関連の法制度においても、文化政策の基本法として「文化芸術振興基本法」が二〇一七年に改正され「文化芸術基本法」となり、生活文化のなかに「食文化」が例示された。また「文化財保護法」については、文化財の保全と並んで活用の視点が重視され改正がおこなわれた。さらに地域の定住人口の確保、交流人口の増大をめざす「地方創生」の取り組みにおいても、多くの市町村の創生戦略における地域の魅力の源泉として、自然資源・食文化が重要な柱として位置づけられている。

　こうした政策の潮流のなかで鶴岡市における食文化創造都市への取り組みは、つぎの二点において大きな示唆をあたえていると考えられる。

　第一は、「知憩軒」や地域の食材をいかすイタリア料理店「アル・ケッチャーノ」など地域の自然資源と文化資源をむすびつけあらたな事業を創造していく多くのイノベーター・創造的事業者の存在である。地域の食文化へのふかい理解をふまえて、あたらしいニーズに対応して事業を創造していく多くの主体を生みだし育てることが重要な課題である。

　第二は、あたらしい事業者の取り組みを支援する行政、大学、文化団体等の支援ネットワークのはたらきである。鶴岡においては、山形大学農学部における在来作物にかんする研究、普及活動、鶴岡市役所におけるユネスコ食文化創造都市への国内外への広報活動などの取り組みは、鶴岡食文化のアピールに大きな役割を果たしてきた。さらにゆたかな自然、食文化、歴史など鶴岡の風土と魅力を発信しつづけた藤沢文学も、鶴岡に来訪者をひきつける大きな魅力となっている。

文化芸術基本法
二〇一七年制定。我が国における文化芸術振興の基本法として、観光、まちづくり、国際交流、福祉、教育、産業等のはば広い分野を視野にいれて、芸術、メディア芸術、伝統芸能、芸能、生活文化、文化財等の文化芸術各分野の総合的な振興をはかるため、国、地方団体等における施策推進の基本方向を定めている。

文化財保護法
一九四九年の法隆寺金堂の火災を機に一九五〇年策定された文化財の保存、活用にかんする法律。文化財にかんする我が国の総合的な法として、有形、無形の文化財、史跡、伝統的建造物群などの諸制度を定めている。

「地方創生」の取り組み
少子高齢化のもとで、持続可能な地域づくりにむけて二〇一四年開始された国の今日のニーズをふまえて多彩な自然資源と地域の文化資源をむすびつけ、地域の魅力を生みだし、地域産業、社会の創造的な発展をめざす鶴岡の試みは、大きな示唆をあたえているのである。

〈参考文献・ウェブサイト〉

(1) 佐々木雅幸『創造都市の経済学』勁草書房　一九九七年。佐々木雅幸『創造都市への挑戦　産業と文化の息づく街へ』岩波書店　二〇〇一年。佐々木雅幸、川井田祥子、萩原雅也編『創造農村　過疎をクリエイティブに生きる戦略』学芸出版社　二〇一四年。佐々木雅幸総監修、敷田麻実、川井田祥子、萩原雅也編『創造社会の都市と農村　SDGsへの文化政策』水曜社　二〇一九年

(2) 藤沢周平「庄内の酒と肴」『周平独言』文藝春秋　二〇一二年

(3) 菅洋『庄内における水稲民間育種の研究』農山漁村文化協会　一九九〇年。本田洋一「在来作物による食文化発信」『創造農村　過疎をクリエイティブに生きる戦略』佐々木雅幸他編　学芸出版社　二〇一四年

(4) 平智「フルーツの里・くしびき　くだもの賛歌」『櫛引人　ふるさとの心を伝える　第3号』(アイスリー株式会社)アイスリー季楽会部門　二〇一六年

(5) アイスリー株式会社『櫛引人　ふるさとの心を伝える　第3号』　アイスリー季楽会部門　二〇一六年

江頭宏昌「『ここにしかないもの』＝在来作物　その魅力と可能性」『農耕と園藝』二〇一二年七月号　誠文堂新光社　二〇一二年

粕谷昭二『藤沢周平の礎　小菅留治』東北出版企画　二〇〇八年

奥田政行『人と人をつなぐ料理　食で地方はよみがえる』新潮社　二〇一〇年

山形在来作物研究会『おしゃべりな畑　やまがたの在来作物は生きた文化財　どこかの畑の片すみで〈2〉』山形大学出版会　二〇一〇年

鶴岡食文化創造都市推進協議会〈http://www.creative-tsuruoka.jp〉二〇二〇年三月二六日閲覧

政策。国、府県、市町村がそれぞれの地域の状況を分析、定住人口の見通しと政策目標、仕事づくり、地域経済の発展にむけた地方創生戦略を策定、取り組みをすすめている。

本田洋一（ほんだ・よういち）

文化政策研究者。博士（創造都市）。大阪市立大学客員研究員。京都大学経済学部卒業後大阪府庁入庁。社会人大学院で学び研究活動へ。文化の創造性を源泉とする地域づくりをテーマに、市民、アーティスト、大学、公共団体等の連携、協働による地域創造活動をフィールドとして研究。はじめてのフィールドワークは二〇〇六年取手アートプロジェクト。著作に『アートの力と地域イノベーション　芸術系大学と市民の創造的協働』（水曜社）ほか。

＊　＊　＊

■わたしの研究に衝撃をあたえた一冊『創造都市への挑戦　産業と文化の息づく街へ』

内発的発展を探求する地域経済学研究をふまえて、大量生産方式から文化の創造性を源泉として都市の文化と個性をいかす二一世紀型地域政策、文化政策への転換の必然性、必要性について、欧米、とくにイタリアにおける創造都市政策の実態調査をもとに緻密に考察、提示している。本著作との出会いが大阪市立大学で教授のもとで学ぶきっかけとなった。

佐々木雅幸著
岩波現代文庫
二〇一二年（岩波書店、二〇〇一年）

「沖縄のこころ」と「サスティナブル・ソサエティ（維持可能な社会）」の実現

——竹谷多賀子

1　はじめに

わたしは、京都にある大学で、おもに文化政策、文化経済学を研究している。とくに、地域の課題解決にむきあう文化芸術活動の多様な展開について関心をもっており、毎年夏、沖縄で開催される「国際児童・青少年演劇フェスティバルおきなわ」の事例とそれを主催する「エーシーオー沖縄」代表の下山久氏に注目している。

二〇〇八年から総合シンクタンクの研究員として官公庁や全国各地の文化を基軸とした調査研究や事業に従事してきたわたしは、二〇一〇年に沖縄県の文化資源を活用した観光戦略モデルを構築する事業にかかわることで、はじめて沖縄をおとずれ、沖縄の多様な文化や芸能を調べるうちに、その魅力にはまり、沖縄の文化や環境、歴史構造について考えるようになった（写真1）。

研究の師である佐々木雅幸氏は、『沖縄　21世紀の挑戦』を宮本憲一とともに二〇〇〇年に上梓している。同書において佐々木氏は「米軍基地の島から平和・環境・福祉の島への転換は、いかにして可能だろうか。基地撤去・経済自立、真のサスティナブル・エリア

国際児童・青少年演劇フェスティバルおきなわ
二〇〇五年から毎年夏に沖縄で開催されている地元の家族だけでなく世界中の舞台関係者がおとずれる国際舞台芸術フェスティバル。〇歳からおとなまで、国籍や言語、文化のちがいをこえて楽しめるフェスティバルとして、世界各地から選りすぐりの質の高い作品が上演されている。二〇一九年度「国際交流基金地球市民賞」を受賞。

写真1　赤瓦の民家とブーゲンビリアが咲きほこる沖縄の風景

をめざして、沖縄の経済と社会はどう変わるべきなのか」という問題意識のもと、「21世紀沖縄における内発的発展の道を模索する分野の研究者として、従来の沖縄政策の光と影を総括し、大胆に問題提起した包括的根源的な沖縄論」を展開した。また、後に佐々木氏は、文化芸術と産業経済と創造性に富んだ都市である「創造都市論」を展開するが、同書を契機に、内発的発展論から創造都市論の転換となったという。

　佐々木氏は「読谷村において進められた米軍基地撤去の運動とむすびついた持続的内発的地域振興の経験を高く評価し」、沖縄県民が掲げた「『沖縄のこころ』にもとづくサスティナブル・ソサエティ（維持可能な社会）の建設へむけての教訓を引きだし、沖縄本島北部の山原地域と中南部の那覇都市圏とにおける持続的発展の課題と可能性」について検討してきた。二一世紀を展望しつつ復帰政策を総括するうえで「沖縄のこころ」と「サスティナブル・ソサエティ」のふたつの理念は重要なポイントとなるという。「『沖縄のこころ』とは、第一に平和、第二に基本的人権の確立を軸とする『真の豊かさ』、第三が住民自治であり、『沖縄のこころ』と『サスティナブル・ソサエティ』の二つの座標軸によってこそ、二十一世紀の沖縄振興プランを正確に評価し、確立することができる」と述べている。

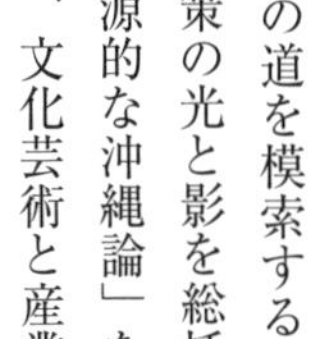

『沖縄21世紀の挑戦』宮本憲一、佐々木雅幸編、岩波書店、二〇〇〇年

サスティナブル・ソサエティ

日本復帰から四半世紀余が経過したいまも、米軍基地が集中する沖縄を放置することはできない。基地の島から平和、環境、福祉の島への転換は、いかにして可能になるのか。維持可能な社会として沖縄が発展していく道を考える。

これらをふまえ、多様で独自の文化をもつ沖縄と維持可能な社会の実現、創造都市へのむすびつきについて考えてみたい。

2　島々に伝わる沖縄文化、芸能の奥深さ、多彩さがおりなす舞台芸術

二〇一〇年からシンクタンクの研究員として沖縄に通いつづけていたわたしは、二〇一一年に沖縄県の文化観光戦略推進事業にかかわり、事業の一環として沖縄の芸能の魅力を国内外に発信することを目的としたプロジェクトに参加した。目的は、沖縄は特色ある伝統行事や伝統芸能などの文化資源を有しており、観光への活用の余地は大きくのこされているため、沖縄の文化・芸能（組踊や琉球舞踊またはその要素をとり入れた公演など）の魅力を発信し、あらたな持続可能な誘客につなげるため県外・海外公演を実施し、あわせてモニタリング調査をおこなうことであった。プロデューサーであり芸術監督でもある「エーシーオー沖縄」代表の下山久氏との出会いが、その後のわたしと沖縄との関係性をふかめるきっかけとなった。

下山氏が設立したエーシーオー沖縄は、一九九四年に「国際児童・青少年演劇フェスティバルおきなわ」の企画・調査・準備・製作・事務局を経て結成された舞台芸術総合製作団体である。設立以来、沖縄発信のオリジナル作品を次つぎに発表している。ほかに国内外の芸術団体とのネットワークを築き、アジアや欧米諸国にある劇団やアーティストとの国際共同制作も多数展開し、いまもなお沖縄古来の芸能をとり入れた意欲的な作品をつく

りつづけ発表している。

たとえば近年の代表作のひとつである「沖縄燦燦《おきなわさんさん》」は、「二〇一三年の初演以来、国内外で一〇〇回以上の公演を重ね、進化しつづける人気の歌舞劇である。ある漁村を舞台に、恋に落ちむすばれる男女と、ふたりを支える村の人びとの暮らしを描いた心あたたまる物語。琉球舞踊をベースに優雅で繊細な演技と、ときにダイナミックな踊りが、なにげない日常にひそむよろこびを際立たせ、艶やかな伝統衣装、バイオリン、三線、パーカッションの調べが、沖縄で生きる誇りを高らかに表現する（公益財団法人沖縄県文化振興会）」と紹介されているように、地元のみならず沖縄をおとずれる観光客にとって人気の作品だ。国際的な演劇祭である二〇一四フランス・アヴィニヨンフェスティバル・オフ、二〇一五イギリス・エジンバラ・フリンジフェスティバルで五つ星評価を獲得しており、国内外の舞台関係者の注目作品となっている。一例を示すと海外現地メディアからは「一時間弱のショーのあいだ、アーティストは美しい“Bingata”（紅型びんがた）の衣装をまとい、琉球舞踊と弦楽器“Sanshin”（三線）のメロディーにのり、そのエネルギーを観客に投げかけ会場を魅了する。色彩に富み、生きるよろこびにあふれ、繊細で優美なすばらしい作品である（南仏地方紙La Provence）」と特集記事にとりあげられた。紅型は鮮やかな赤やオレンジ色がまぶしい沖縄の伝統的な染めもので、沖縄の光の色といわれる。そして、三線は沖縄音楽の象徴であるが、起源は琉球王国時代に五穀豊穣を願ってつくられた楽器であるため伝統工芸である。わたし自身も、この「沖縄燦燦」の製作段階から国内外でのモニタリング公演に居あわせた経緯から、琉球芸能の伝統とモダンと美《ちゅ》らがおりなす創作のプロセスや沖縄の人びとの生活史がぎゅっと凝縮され、沖縄文化の枠を結集させた作品の奥ぶかさ、ゆたかさに魅了され、国内外の観客の反響に接し感動をおぼえている（写真２・３）。

3　国際児童・青少年演劇フェスティバルおきなわ「劇場はヌチグスイ（命薬）」

沖縄県の事業において、エーシーオー沖縄が製作した多彩な作品とともに国内外を下山氏とめぐり、彼の作品づくりと主催するフェスティバルにかける思いや意図、とくに「劇場はヌチグスイ」というテーマに心を打たれた。「ヌチグスイ」とは、沖縄の方言で「命の薬」「長寿の薬」を意味する。「誰一人取り残さない」を現実に、子どもたちに笑顔をとどけるという志に共鳴し事業が終了したあとも、下山氏が手がけた公演やフェスティバルに足を運ぶようになった。そのなかで一九九四年の初開催をふくめ今年で一七回目をむかえる「国際児童・青少年演劇フェスティバルおきなわ」は、維持可能な社会の実現と創造都市の観点から、大変興味ぶかい。

フェスティバルはエーシーオー沖縄が中心となり主催する国際演劇祭である。当初は沖縄市内開催の「キジムナーフェスタ」の愛称で、二〇一四年からは那覇市内を拠点にした「りっかりっか＊フェスタ」の呼び

写真２、３　沖縄燦燦（写真提供：エーシーオー沖縄）

名で定着し、毎年七月下旬ころから約一週間にわたり開催される。二〇一二年にはアシテジＡＳＳＩＴＥＪ（国際児童青少年演劇協会）による第一回アーティスティック・ギャザリングというイベントのホストに選ばれ、世界中の児童青少年演劇関係者が集まった。これを契機に沖縄で開催されるフェスティバルの認知度が高まり、そのあとはアジアの児童青少年演劇の拠点としての役割を担いつつある。二〇一九年のフェスティバルは七月二一日から八日間にわたり、一〇か国から参加する三四作品が上演された。戦争の歴史を共有し平和の取り組みにおいても長きにわたる友好関係を有するポーランドと日本の国交一〇〇周年を記念し、ポーランドフォーカスをおこない、六つのすばらしい作品が上演された。「りっかりっか＊フェスタ」は開催当初から、子どもたちに最高の舞台芸術体験をとどけること、世界の人びととの交流を通じて平和な世界への歩みをすすめることを目的としている。

フェスティバルがもっとも大事にしているテーマは、先述の「劇場はヌチグスイ」である。「クスイ」はただの薬ではなく、心の薬、心の栄養剤を表す。感動的な舞台を観たあとなど、「あぁ、きょうはヌチグスイしたさぁ！」と声に出す。フェスティバルでのゆたかな芸術体験が、鑑賞者のヌチグスイになることを信じて、国内外から質の高い作品をとどけつづけている。また舞台公演だけでなく、アジアの児童青少年演劇アーティストのためのネットワークやシンポジウム、ワークショップなども企画され、地元のファミリーにも楽しい舞台を提供し、世界のアーティストや舞台関係者にとっても貴重な活動拠点（ハブ）となっている。世界各国の演劇関係者を招き「さまざまな困難に直面している子ども

アーティスティック・ギャザリング
二〇一二年から毎年おこなわれているアシテジＡＳＳＩＴＥＪ（国際児童青少年演劇協会）芸術家集会。国際共同創造に関心のある、演出家、俳優、劇作家、教師、音楽家、ダンサー、もしくは他分野の舞台芸術家が集まり、児童青少年演劇プログラムの制作をはじめさまざまなディスカッションやネットワークを構築するなど創造的な交流をおこなう。

ポーランドフォーカス
二〇一九年、国際児童・青少年演劇フェスティバルおきなわでは、ポーランドのことなる地域を拠点とする四つの劇団が参加し、多様な六作品を上演した。このポーランドフォーカスは、日本ポーランド国交樹立一〇〇周年を記念しておこなわれた。

たちのために、演劇にできることは何か」と討論を重ねてきた。楽しい舞台とはべつに、こうした地道な活動が世界ミーティングの下地となっている。

二〇〇一年に「文化芸術振興基本法／文化芸術基本法」が施行されて以降、全国の自治体では「文化振興条例」を設置する動きが拡大した。二〇一七年六月に改正されたあらたな「文化芸術基本法」には「芸術祭の開催支援」が盛りこまれ、二〇一八年六月には「国際文化交流の祭典の実施の推進に関する法律（以下、「祭典法」）」が施行され、ますます「国際フェスティバル」に注目が集まっている。

フェスティバルの目的は、子どもたちのゆたかな感性と想像力、人間性を育てていく場の提供で、演者の呼吸が聞こえてきそうな小空間は、観る者に演劇のもつ力を実感させる。「字幕なし」がほとんどのことばを使わないノンバーバル（非言語）で、子どもたちは演者の表情や動き、音楽や効果音で場面を理解するようすがうかがえる。多くの舞台で子どもたちは目をキラキラさせ、ときに舞台を真剣に見つめ、作品の演出に呼応し率直なことばを声に出す。舞台が終了すると、あふれるばかりの拍手と歓声とともに「楽しかった、観にきてほんとうによかった。集中して観られた。演者の思いが伝わった。日本では観られないすばらしい作品を体感でき感動した」等の感想の声があがっている。ことばをこえた舞台になるゆえに、演者にはより高度な能力がもとめられる。だが子どもたちやいっしょに鑑賞するおとなたちの感想から、フェスティバルが高いクォリティであると察せられる。先述の「沖縄燦燦」をはじめ、下山氏がプロデュースした作品のほか、世界各地の演劇祭や劇団に足を運び、下山氏自身が直接目にした国内外の選りすぐりの作品を招いてい

文化芸術振興基本法／文化芸術基本法
我が国の文化芸術全般にわたる基本的な法律として二〇〇一年に議員立法により成立。政府ではこれまで、同法にもとづき四次にわたって策定された「文化芸術の振興に関する基本的な方針」のもと、文化芸術立国の実現にむけた文化芸術の振興にかんする取り組みがすすめられてきた。二〇一七年の法改正により「文化芸術基本法」にあらため、文化芸術にかんする施策の総合的かつ計画的な推進をはかり、心ゆたかな国民生活および活力ある社会の実現に貢献することを目的としている。

る。近年では、那覇市近郊の子どもたち、ファミリー層、国内外の芸術関係者の参加だけでなく、中国や台湾等から家族で来沖する観客も増加していて「国際児童・青少年演劇フェスティバルおきなわ」は国内外から高い評価を受け注目されている（写真4・5・6・7）。

写真４　「国際児童・青少年演劇フェスティバルおきなわ（りっかりっか＊フェスタ）」チラシ（写真提供：エーシーオー沖縄）

写真５　舞台鑑賞後の演者と子どもたちのふれあい（写真提供：エーシーオー沖縄）

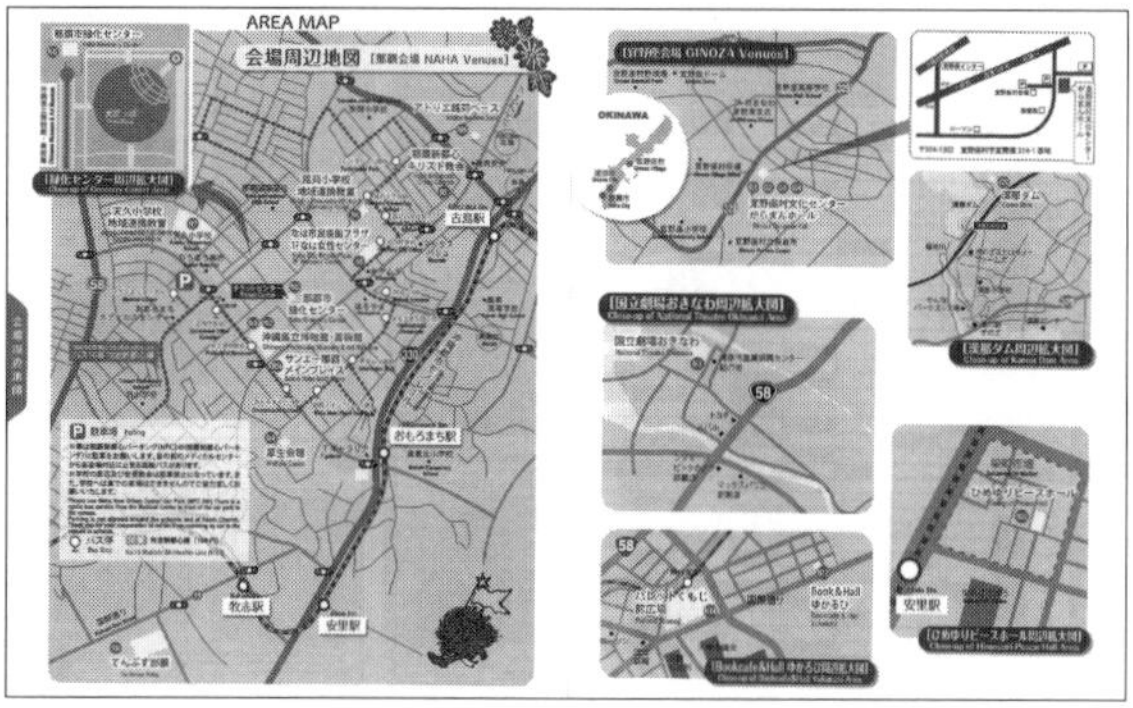

写真６　小学校や美術館・博物館、教会、公演等もフェスティバルの会場に（りっかりっか＊フェスタ）

写真７　大人も楽しめる多彩な作品の数々（りっかりっか＊フェスタ）

4　「都市はすべての場所が劇場である」

わたしはフェスティバルが共催する「アジアＴＹＡネットワークシンポジウム」（東アジア・東南アジアの児童青少年演劇〈ＴＹＡ＝Theatre for Young Audiences〉ネットワークシンポジウム）において、二〇一七年から、モデレータをつとめる機会を得た。都市研究の観点から文化芸術の役割を考えるにあたり、二〇一八年度に開催した「文化と都市、そしてＴＹＡの可能性」が印象ぶかい。

現在、都市や地域において、社会のさまざまな課題にむきあう芸術文化活動が数多く展開されている。日本では地震や水害をはじめとする災害復興や少子高齢化、貧困問題、過疎化などの課題とアートの多様な連携がすすめられている。いっぽう、経済成長の著しい東南アジアでは経済格差、貧困問題や災害復興、環境保全等の課題がある。そのなかで、児童青少年演劇にかかわるアーティストやＴＹＡネットワークが、どのような役割を担う可能性があるかを議論する目的でシンポジウムを開催した。各地域に社会的、文化的背景がことなるなかで、それぞれの地域にあわせた課題や問題意識がある。日本、東南アジア、そしてヨーロッパの児童青少年演劇にかかわる実践者と都市文化政策の専門家から話を聞き、「都市と文化」をテーマに、これからのＴＹＡの役割や持続的に活動を継続していくための方法を考えた。

議論の手がかりとして話題提供者のひとりであった佐々木雅幸氏は、アメリカの都市研究者であるルイス・マンフォードの『都市の文化』のなかにあるつぎのことばを紹介した。「都市は芸術を育てるとともに芸術であり、都市は劇場をつくるとともに劇場である」と

『都市の文化』
上・下、L・マンフォード、生田勉・森田茂介共訳、丸善、一九五五年。一九三八年に出版されたルイス・マンフォードの代表的著作のひとつ。人間と都市の関係を基調としながら、有名な都市の発展衰退の輪廻説を展開した「都市研究」の金字塔として知られる。

いう。佐々木氏は、欧州連合（EU）が一九八五年から推進し、創造都市というあたらしい都市概念を生みだす経験となった「欧州文化首都（European Capital of Culture）」と、二〇〇〇年に「欧州文化首都」に選定されユネスコ創造都市ネットワークのリーダーであるイタリア・ボローニャの取り組みを紹介した。「欧州文化首都」の概要は、つぎのとおりである。

◆「欧州文化首都」の概要

1　EU加盟国のなかから、毎年「欧州文化首都」として都市を選定し、年間をつうじてさまざまな芸術文化にかんする行事を開催する。

2　EUにおける歴史的・文化的共通性と多様性を重視する「多様性のなかの統合」という理念と密接に関連し、域内の文化的共通性と多様性を同時に表現する。

3　地域政策の観点から、地域活性化と観光客誘致が期待され、地域の経済的な発展の契機として位置づけられる。

4　長期的な文化活動をつうじて、市民の連帯意識の向上や政治参加をうながすことが期待されている。

いっぽう、東アジア地域においても「欧州文化首都」に学び、二〇一四年より日本・中国・韓国の三国間で「東アジア文化都市（East Asian City of Culture）」事業が開始されたことをとりあげ、二〇一九年は東京都豊島区が、中国の西安市、韓国の仁川広域市とともに多様な文化を発信し相互交流をおこなっていることを提示した。

東アジア文化都市
日中韓文化大臣会合での合意にもとづき、日本・中国・韓国の三か国において、文化芸術による発展をめざす都市を選定し、その都市においてさまざまな文化芸術イベント等を実施するもの。これにより、東アジア域内の相互理解・連帯感の形成を促進するとともに、東アジアの多様な文化の国際発信力の強化をはかることをめざしている。

欧州マルタよりアゾォパルディ氏は、みずからがディレクターをつとめる「Zigu Zaju フェスティバル」（児童青少年演劇祭）の取り組みについて紹介した。二〇一八年度マルタは「欧州文化首都」に選ばれており、欧州文化首都のプログラムとフェスティバルとの連携・連動について紹介した。インドネシアのタラッタ・ブカのグナワン氏は、大きな火山被害を受けたインドネシアのマラビ農村部における伝統文化や祭事を起点とする児童青少年演劇祭や、家族や子どもむけの演劇舞台について紹介した。それは災害から文化芸術の創造性をいかしたレジリエンスや農村部に舞台芸術をとどける包摂性について考えるトピックとなった（写真8）。

写真8　TYA 集合写真（写真提供：エーシーオー沖縄）

5　社会課題解決に役立つ舞台芸術の可能性

沖縄をかんがみると、鮮やかな花ばなが咲きほこり「青い海」「美しい島」「独自の文化」に代表され、数多くの芸能を継承する「芸能の島」のイメージがあるものの、「沖縄戦」の悲しみの記憶や「米軍基地問題」「低所得・高失業率」「貧困問題」といった課題をかかえている。とくに沖縄の「子どもの貧困率」は全国最下位であり、全国平均の約二倍といわれている。経済的事情はもとより離島や僻地等の地理的ハンディにより舞台芸術を

Zigu Zaju フェスティバル
マルタ共和国の首都ヴァレッタで二〇一一年から毎年開催される子どもと若者のための国際アートフェスティバル。ヴァレッタがEU「欧州文化首都」に選定された二〇一八年、フェスティバルは「欧州文化首都」プロジェクトと協働し二万一〇〇〇人をこえる参加者が来場し一一か国、一五九の国際および地元アーティストによる二七のプロジェクトと一四七のショーで構成されるプログラムが展開された。

レジリエンス
「復元力」「回復力」を意味し、生物学的な要素や、医学や心理学などもふくむ非常に包括的な概念。近年では、災害復興や貧困削減、経済の再生など地域課題にたいして柔軟に対処、克服して再生していく力やしなやかな強さという概念で使用される。

鑑賞する機会のすくない子どもたちが多数存在するといえる。

近年、演劇表現の手法が、さまざまな社会課題解決に役立つ可能性があることがわかってきた。子どもの貧困が生活や成長にあたえる影響として、「社会的・孤立排除」「不安感・不信感」「低い自己肯定感」等があげられるが、演劇的手法をとり入れたワークショップでは、「信頼する仲間・おとなをもつことができるようになった」「自己表現力の向上」「クラス内コミュニティの形成」等の大きな成果がみられたという。わたし自身も、さまざまな舞台芸術を鑑賞・体験した参加者を対象に、そこで得られた効果をたずねたところ、「よりゆたかな創造性や感性が育まれる」に加え、コミュニケーションを円滑にする役割もあるというヒントを得た。演劇をはじめとする舞台劇術は、孤独や不安をかかえる人の課題解決（処方箋）になることが期待される。

下山氏が率いる「エーシーオー沖縄」は、二〇一七年度から「国際児童・青少年フェスティバルおきなわ」と連携するかたちで「わした島こどもアート」事業をスタートさせた。沖縄県内の子どもたちにコンテンポラリーで多様性のある舞台芸術にふれる機会を継続的に提供していくことを目的としたプロジェクトだ。「沖縄県内のすべての子どもたちの生活圏内に芸術文化を」を目標に、夏と冬に県内各地において芸術文化によるイベントや舞台の公演をおこなうほか、地域コーディネーターのネットワークづくりをおこなっている。この事業においても「劇場はヌチグスイ（命薬）」、心を、命を育むことをミッションに意欲的にとりくんでいる（写真9）。

写真9　名護市、沖縄市で開催された「わした島こどもアート」事業（写真提供：エーシーオー沖縄）

6　「国際児童・青少年フェスティバルおきなわ」から学ぶＳＤＧｓへの接近、平和を希求する「沖縄のこころ」

二〇二〇年五月にアシテジ（国際児童青少年舞台芸術協会）世界大会（写真10）が日本で初開催されることが決定した（本拠地は東京都豊島区）。三年ごとに世界一〇〇か国以上の児童青少年演劇の専門家が集まる国際会議である。アシテジ世界大会において、沖縄から「国際児童・青少年演劇フェスティバルおきなわ」を皮切りに日本全国二〇数か所でアシテジ世界大会のフェスティバル（二〇二〇国際子どもと舞台芸術・未来フェスティバル）が開催され、招待三〇作品に自主参加一〇〇作品が上演される予定だ。このフェスティバルの芸術監督に下山氏が就任した。テーマは「子どもと文化の出会い。それは私たちの未来」である。これまで「国際児童・青少年演劇フェスティバルおきなわ」において長年積みあげた経験と知見、ネットワークを受け継ぎ、「誰一人取り残さない」社会の実現である。

写真10　2020アシテジ世界大会フェスティバル（写真提供：アシテジ日本センター）

すべての子どもたちが文化、芸術にふれあうことができる社会を継続的に創出していくことをビジョンにすえ、子どもたちに最高の舞台芸術体験と笑顔をとどけること、世界の人びととの交流をつうじて平和な世界への歩みをすすめることをめざしている。

このように「国際児童・青少年演劇フェスティバルおきなわ」をはじめとする取り組

みには、「沖縄のこころ」を示す平和の維持、全体的貧困の克服、民主主義の確立、基本的人権と文化共生等を総合的に実現する「維持可能な社会の実現」と文化芸術の創造性を活用した「創造都市」、さらに「持続可能な開発目標ＳＤＧｓ＝Sustainable Development Goals」のなかに位置づけられる目標四「すべての人々に包摂的かつ公平で質の高い教育を提供し、生涯学習の機会を促進する」、目標一一「都市と人間の居住地を包摂的、安全、強靭かつ持続可能にする」にむすびつく取り組みであるといえる。

下山氏は沖縄が本土に復帰を果たした一九七二年にはじめて沖縄の土をふんだ。文化的にも戦争体験の面でもショックを受け、以後、沖縄シリーズなど舞台の企画制作にたずさわってきたという。「演劇をとおして、子どもたちは自分たちの共通文化を誇りに思い、平和的な問題解決の方法を学ぶ。この経験はおとなになってもおぼえている。そして、紛争と演劇の問題を、沖縄で考えることに意味がある」と話す。下山氏は「戦闘機ではなく、子どものための文化や平和がとびかうまちにしたい」と。

わたしは二〇二〇年に開催される「アシテジ世界大会フェスティバル」を応援している。そして「国際児童・青少年演劇フェスティバルおきなわ」に毎年かよいつづけるつもりである。「維持可能な社会の実現」「創造都市」「ＳＤＧｓ」を観点に、平和を希求する「沖縄のこころ」を念頭におきながら、今後の研究のなかで考察を重ねていきたい。

最後に、このたびの火災被害にあわれた「沖縄の心」と呼ばれる首里城の復興再建を願いたい。

持続可能な開発目標ＳＤＧｓ＝Sustainable Development Goals
二〇三〇年までに、先進国も開発途上国も協力して、あらゆる形態の貧困をなくし、経済・社会・環境のバランスをたいせつにして後世につなげていくことのできる未来をつくろうという、一七のゴールからなる世界の共通目標。二〇一五年九月に国連で採択された。

竹谷多賀子（たけや・たかこ）

子ども時代から家族の影響で各地の文化芸術や生活文化にふれる。学生時代は国内外の美術館や劇場、映画館にかよう。フィールドワークとの出会いは、大学院に進学してからアート研究会に所属しアーティストやクリエイターのクリエイティビティの核となる拠点などさまざまな試みがおこなわれている創造的環境の聞きとり調査をはじめる。総合シンクタンクの研究員を経て、現在は大学で都市や農村における文化政策の展開や価値創造の連鎖について探求している。同志社大学嘱託講師・同志社大学創造経済研究センター嘱託研究員。

＊　＊　＊

■わたしの研究に衝撃をあたえた一冊『創造都市への挑戦　産業と文化の息づく街へ』

一冊に絞ることはむずかしいが、佐々木雅幸著『創造都市への挑戦　産業と文化の息づく街へ』をあげる。イタリアのボローニャ、金沢、京都などでのフィールドワークをとおして、人間が創造活動においていかに自由に力を発揮するかという観点から文化と産業における創造性に富んだ都市の挑戦を紹介し考察する。ものづくりにたずさわる職人らの創造的な働きかたや人生の真実にせまり、ゆたかさをも問いかける名著。

佐々木雅幸著
岩波現代文庫
二〇一二年（岩波書店、二〇〇一年）

あとがき

赤坂憲雄

わたしはたぶん、井上ひさしさんの『ボローニャ紀行』に誘われるようにして、佐々木雅幸さんの『創造都市への挑戦』を手に取ったのではなかったか。刺激に満ちた著書であった。この書に導かれ、それを羅針儀として、おそらく数多くの研究者や実践者たちが「文化政策と社会政策との融合」（川井田祥子「障害者と芸術表現」）をめざす、新たな現場＝フィールドを求めて旅立っていったにちがいない。「フィールド科学の入口」のこの巻には、そうした旅の思索者たちの足跡のいくつかが提示されている。そこでのフィールドワークは、たとえば人類学や社会学のフィールドワークほどには理論化もされず、洗練されてもいないかもしれない。それはより政治や経済の現場＝フィールドに近く、だからこそ、それぞれの研究者や実践者はそれぞれにフィールドワークの形を手探りに追い求めている気配が感じられる。知の技法であるよりは、実践の作法なのだ、といってもいい。

そこでのテーマは、障害者と芸術表現、観光、絵本展、食文化、児童青少年の演劇など多岐にわたる。それにしたがって、現場＝フィールドは多様なものとならざるをえず、むしろ、そのつど見いだされるべきものとなる。とはいえ、だれもが創造的に生きることが可能な社会をめざしていることでは、その雑多なテーマの群れはやわらかく繋がっている。創造都市論はそうして、世界都市やグローバリズムへの草の根からの抵抗の論理とならざるをえない。傷ついた者たち、小さな者たち、幼き者たちを思索と実践の起点として、持続可能な社会を構想してゆくことだ、と言い換えてもいい。

　たとえば、わたし自身が文化創造都市をめざして、ささやかな動きが起こりつつある南東北の地方都市にかかわりながら、〈蔵とアートと演劇のまちへ〉といった妄想を語らずにはいられないのは、佐々木さんの創造都市論にそそのかされているからだ。その前段には、鶴見和子さんの内発的発展論が横たわり、さらにその向こう側には宮沢賢治の「農民芸術概論綱要」がひっそり身を潜めている。あえて、それを隠さずに実践へのシナリオを作っていきたいと考えている。あらかじめ手の内を明かしたうえでの、ささやかな戦いのはじまりだ。

　それにしても、奇妙な物言いではあるが、わたしたちはどうやら賢治ほどには孤独ではないし、少数派ではなさそうだ。賢治が「農民芸術概論綱要」という覚え書きに、「都人よ　来ってわれらに交れ　世界よ　他意なきわれらを容れよ」と書きつけたときの絶望的な隔たりの感覚は、すくなくともわたしには、ない。佐々木さんが紹介されていた、「都市は芸術を育てるとともに芸術であり、都市は劇場をつくるとともに劇場である」（ルイス・マンフォード『都市の文化』）という言葉とともに、都市と農村とを繋ぐための試行錯誤がいたるところで始まっている。都市がそうであるように、農村も山村も漁村もまた、人が生きてある場所はすべて劇場なのである。だれもが創造的に生きることが可能な社会を、わたしはいま・ここから探し始めようと思う。

■編者紹介

佐々木雅幸（ささき・まさゆき）

一九六九年四月京都大学経済学部に入学し、学部では島恭彦教授が指導する財政学ゼミに属し、地方財政、地域開発に関心をもち大学院進学が決まった一九七三年秋には島教授のすすめで京都府綾部市からの依頼による地域調査に加わった。第一次石油ショック後の低成長下での財政危機からの脱却と地域の安定成長のための基礎調査であった。市役所内でのヒアリング調査のみならず、上林地区という山村部にも足をふみ入れ、地元の有力者や青年団と徹夜で語りあった。

■わたしの研究に衝撃をあたえた一冊『都市と文明』（全三分冊）

一九九九年ボローニャ大学留学中にロンドンに講演に出かけた際に、書店で購入し読みふけった。西欧における都市論の古典とされてきたルイス・マンフォードの名著『都市の文化』を凌駕し、「都市の芸術的創造性と技術的革新性」を基軸に歴史上の代表的な都市を分析した原著一〇〇〇ページをこえる大著であり、筆者らが提唱する創造都市論の歴史理論として学界に大きな貢献をした。

ピーター・ホール著
佐々木雅幸監訳
藤原書店
二〇一九年

＊　＊

赤坂憲雄（あかさか・のりお）

わたしはとても中途半端なフィールドワーカーだ。そもそも、どこで訓練を受けたわけでもない。学生のころから、小さな旅はくりかえしていたが、調査といったものとは無縁であった。三十代のなかば、柳田國男論の連載のために、柳田にゆかりの深い土地を訪ねる旅をはじめた。それから数年後に、東京から東北へと拠点を移し、聞き書きのための野辺歩きへと踏み出すことになった。おじいちゃん・おばあちゃんの人生を分けてもらう旅であったか、と思う。

■わたしの研究に衝撃をあたえた一冊『忘れられた日本人』

一冊だけあげるのは不可能だが、無理にであれば、宮本常一の『忘れられた日本人』だろうか。宮本の〈あるく・みる・きく〉ための旅は独特なもので、真似などできるはずもなく、ただ憧れとコンプレックスをいだくばかりだった。民俗学のフィールドは、いわば消滅とひきかえに発見されたようなものであり、民俗の研究者たちはどこかで、みずからが生まれてくるのが遅かったことを呪わしく感じている。民俗学はつねに黄昏を生きてきたのかもしれない。

宮本常一著
岩波文庫
一九八四年（未來社、一九六〇年）

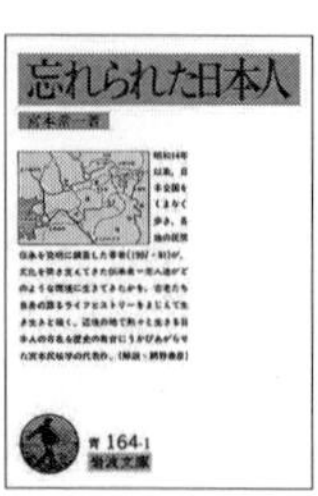

フィールド科学《かがく》の入口《いりぐち》

創造《そうぞう》する都市《とし》を探《さぐ》る

2020年5月25日　初版第1刷発行

編　者———佐々木雅幸　赤坂憲雄

発行者———小原芳明

発行所———玉川大学出版部

〒194-8610　東京都町田市玉川学園6-1-1
TEL 042-739-8935　FAX 042-739-8940
http://www.tamagawa.jp/up/
振替：00180-7-26665

印刷・製本——モリモト印刷株式会社

乱丁・落丁本はお取り替えいたします。

ISBN978-4-472-18208-2 C0036 / NDC361

装画：菅沼満子
装丁：オーノリュウスケ（Factory701）
協力：中山義幸（Studio GICO）
編集・制作：株式会社本作り空Sola　http://sola.mon.macserver.jp

フィールド科学の入口

フィールドから見える「知の新しい地平」とは？
フィールドワークから生き生きとした科学の姿を伝える

赤坂憲雄ほか編　全10巻

暮らしの伝承知を探る

野本寛一・赤坂憲雄 編

【Ⅰ部 対談】野本寛一・赤坂憲雄「無手勝流フィールドワーク」
【Ⅱ部】小川直之「神樹見聞録　フィールドワークから見えてくること」／川島秀一「オカボラ奮闘記　沿岸をあるく喜び」
【Ⅲ部】柴田昌平「映像によるフィールドワークの魅力　『クニ子おばばと不思議の森』を手がかりに」／北尾浩一「暮らしから生まれた星の伝承知」／宮本八惠子「モノを知り、人を追い、暮らしを探る」／山﨑彩香「在来作物とフィールドワーク」／鈴木正崇「南インド・ケーララ州の祭祀演劇　クーリヤーッタム」

自然景観の成り立ちを探る

小泉武栄・赤坂憲雄 編

【Ⅰ部 対談】小泉武栄・赤坂憲雄「『ジオエコロジー』の目で見る」
【Ⅱ部】岩田修二「中国、天山山脈ウルプト氷河での氷河地形調査」／平川一臣「津波堆積物を、歩いて、観て、考える」
【Ⅲ部】清水善和「小笠原の外来種をめぐる取り組み」／松田磐余「地震時の揺れやすさを解析する」／山室真澄「自然はわたしの実験室　宍道湖淡水化と『ヤマトシジミ』」／清水長正「風穴をさぐる」／菅　浩伸「サンゴ礁景観の成り立ちを探る」

イネの歴史を探る

佐藤洋一郎・赤坂憲雄 編

【Ⅰ部 対談】佐藤洋一郎・赤坂憲雄「野生イネとの邂逅」
【Ⅱ部】石川隆二「国境を越えて　イネをめぐるフィールド研究」／佐藤雅志「栽培イネと稲作文化」
【Ⅲ部】宇田津徹朗「イネの細胞の化石（プラント・オパール）から水田稲作の歴史を探る」／山口　聰「『中尾』流フィールドワーク虎の巻」／ドリアン・Q・フラー「植物考古学からみた栽培イネの起源」／田中克典「イネ種子の形状とDNAの分析　その取り組みと問題点」

遺跡・遺物の語りを探る

小林達雄・赤坂憲雄 編

【Ⅰ部 対談】小林達雄・赤坂憲雄「『人間学』としての考古学の再編」
【Ⅱ部】大工原　豊「縄文ランドスケープ　縄文人の視線の先を追う」／中村耕作「釣手土器を追う」
【Ⅲ部】佐藤雅一「遺跡を探して守り、研究する」／七田忠昭「吉野ヶ里遺跡を探る」／大竹幸恵「黒曜石の流通にみる共生の知恵」／葛西　勵「環状列石（ストーン・サークル）を求めて」／新東晃一「火山爆発と人びとの祈り」

海の底深くを探る

白山義久・赤坂憲雄 編

【Ⅰ部 対談】白山義久・赤坂憲雄「深海の星空の可能性」
【Ⅱ部】藤倉克則「深海生物研究のフィールドワーク」／柳　哲雄「海の水の流れの計測」
【Ⅲ部】蒲生俊敬「インド洋の深海に海底温泉を求めて」／青山　潤「ニホンウナギの大回遊を追いかける」／木川栄一「南鳥島周辺のレアアース泥を調査する」／阿部なつ江・末廣　潔「マントル到達に挑む」／蓮本浩志「観測を支援する技術」

人間の営みを探る

秋道智彌・赤坂憲雄 編

【Ⅰ部 対談】秋道智彌・赤坂憲雄「『コモンズ＝入会《いりあい》』の可能性と未来を探る」
【Ⅱ部】小長谷有紀・秋山知宏「オアシスプ

ロジェクト調査記録　砂漠に生きるモンゴル人の水利用を探る」／**赤嶺　淳**「ナマコとともに　モノ研究とヒト研究の共鳴をめざして」

【Ⅲ部】安渓遊地「西表島の廃村ですごした日々　わたしのはじめてのフィールドワーク」／**桑子敏雄**「佐渡島の自然保全活動　地域の〝対立〟をこえるフィールドワーク」／**白川千尋**「オセアニアでの医療人類学調査」／**池口明子**「人間の営みを学際的に探る　貝類採集からみる干潟の漁撈文化」／**蒋　宏偉**「ラオス水田耕作民の『のぐそ』を追う」

食の文化を探る

石毛直道・赤坂憲雄編

【Ⅰ部 対談】石毛直道・赤坂憲雄「料理と共食、食卓というフィールドで」

【Ⅱ部】森枝卓士「食のフィールドワークとその記録術」／**原田信男**「食の生産と消費をめぐるフィールドワーク」

【Ⅲ部】辻　大和「海の幸を利用するサルたち」／**守屋亜記子**「韓国の高齢者の食」／**マリア・ヨトヴァ**「「ヨーグルト大国」ブルガリアをフィールドワークする」／**阿良田麻里子**「生活文化としての食、言語からみる食」／**山本紀夫**「インカの末裔たちは何を食べているのか」

文学の環境を探る

野田研一・赤坂憲雄 編

【Ⅰ部 対談】野田研一・赤坂憲雄「『環境人文学』とは」

【Ⅱ部】結城正美「エコクリティシズムの舞踏　環境文学というフィールドで」／**波戸岡景太**「アウシュヴィッツのあとに『ニッポニアニッポン』を読むこと　欧州から佐渡島にいたる文学と動物のフィールドワーク」

【Ⅲ部】小谷一明「凡庸なる風景　反トポス的なフィールドワークのために」／**奥野克巳**「生ある未来に向け、パースペクティヴを往還せよ」／**山田悠介**「交感論の展開と現在の視座　『他者』と『近代』へのまなざし」／**中川僚子**「被爆体験の継承のかたち　カズオ・イシグロ『わたしを離さないで』を手がかりに」／**小峯和明**「〈災害文学史〉の構築をめざして　〈環境文学〉論の道程」

創造する都市を探る

佐々木雅幸・赤坂憲雄 編

【Ⅰ部 対談】佐々木雅幸・赤坂憲雄「地域の内発的発展から創造都市へ」

【Ⅱ部】川井田祥子「障害者と芸術表現」／**敷田麻実**「観光としてのフィールドワーク」

【Ⅲ部】萩原雅也「創造都市・農村のためのフィールドワークへの誘い　見えない都市へ」／**松岡希代子**「わがまち　ボローニャ」／**本田洋一**「食文化をいかした創造農村の形成　鶴岡市の挑戦」／**竹谷多賀子**「『沖縄のこころ』と「サスティナブル・ソサエティ（維持可能な社会）」の実現」

災害とアートを探る

赤坂憲雄 編

【Ⅰ部 対談】北原糸子・赤坂憲雄「災害の社会史」

【Ⅱ部】港　千尋「風景と時間　リサーチからレガシーへ」／**川延安直**「福島県立博物館の試み　東日本大震災八年目の春にふり返る」

【Ⅲ部】新井　卓「〈当事者〉と〈非当事者〉を超えて　耳を澄ます未来の物語」／**山内宏泰**「記憶の回収と修復から、表現の創出へ」／**藤井　光**「核と物」／**小林めぐみ**「博物館×アートプロジェクト　大災害・大事故に博物館がむきあう方法」

〈本シリーズの特色〉

●実際に現地を訪れ、対象を直接観察（聞き取りなどをふくむ）し、史料・資料を採取する客観的調査方法である「フィールドワーク」。民俗学、農学、自然地理学、考古学、生物学、文化人類学など、「フィールド科学」諸学問とその方法をあきらかにする。

●学問の専門化・細分化がすすむなか、各領域が有機的なつながりをもっていることを伝える。科学は単独で成立するものではなく、相関しあっていることを示す。

●各領域の調査・研究のトピックが満載。人間の足跡や自然の足跡を探るフィールドワークのおもしろさを伝え、読者の知的好奇心・行動を呼びおこす。

●写真や図版、脚注を多く掲載し、わかりやすい内容。各執筆者による「わたしの研究に衝撃をあたえた一冊」なども紹介。フィールドワーカーの「姿」をとおして、研究内容への興味・関心を深める。

Ａ５判・並製　各約２４０頁
本体　各２４００円